Galería 2
de lengua y cultura

Artículos y actividades

VISTA®
HIGHER LEARNING

Boston, Massachusetts

ISBN: 978-1-54330-783-2

1 2 3 4 5 6 7 8 9 PP 24 23 22 21 20 19

Contenido

¿Quiénes somos?   Módulo 1

Tema: Las familias y las comunidades

¿Cómo nos relacionamos?   Módulo 2

Tema: La vida contemporánea

Nuestros sentimientos y emociones   Módulo 3

Tema: La vida contemporánea

La geografía humana y la emigración   Módulo 4

Tema: Las familias y las comunidades

Contenido

Galería de lengua y cultura

Galería de lengua y cultura es un programa que promueve el desarrollo de destrezas de razonamiento crítico, a la vez que incentiva a los alumnos a buscar y explorar sus capacidades y talentos particulares. El programa se presenta dentro de un marco de aprendizaje del español como lengua de herencia en el que los alumnos adquieren, practican, repasan y refuerzan aspectos y perspectivas que reafirman su identidad cultural.

El componente de **Artículos y actividades** está orientado a la práctica de los temas y destrezas del examen de español AP® de lenguaje y cultura. El componente no reproduce fielmente el formato del examen ni pretende tener el rigor del mismo en cuanto a organización y manera de administrarlo y tomarlo. Más bien, este componente busca exponer por primera vez a estos alumnos a los temas, destrezas y organización del examen AP de lenguaje y cultura en un entorno más acogedor. Para este nivel, se considera que los alumnos se beneficiarán de más ejemplos, repetición de instrucciones y de no tener las restricciones de espacio ni tiempo de un examen formal.

Las actividades de este componente giran alrededor de la norma educativa de Comunicación en sus tres modalidades: Comunicación interpretativa, interpersonal y de presentación. En esas tres modalidades se distribuyen las cuatro destrezas primarias del lenguaje: leer, escuchar, hablar y escribir. Los temas curriculares de AP están distribuidos a través de los ocho módulos que corresponden a la organización temática de *Galería de lengua y cultura*.

Además de practicar para eventualmente tomar el examen AP de lenguaje y cultura, los principales objetivos de este componente son que el alumno logre demostrar un conocimiento de la cultura del español, incorpore destrezas de otras disciplinas, haga comparaciones culturales y lingüísticas, y utilice el idioma español en situaciones de la vida real en su comunidad.

Los artículos y actividades de este componente constituyen un paso para que los alumnos empiecen a familiarizarse con lo que es un examen AP, y puedan empezar a practicar temas y destrezas que les serán de gran utilidad en la universidad y en su vida profesional del futuro.

® AP es una marca registrada de *College Board Advanced Placement Program*, entidad que no participó en el desarrollo de este programa ni lo promueve.

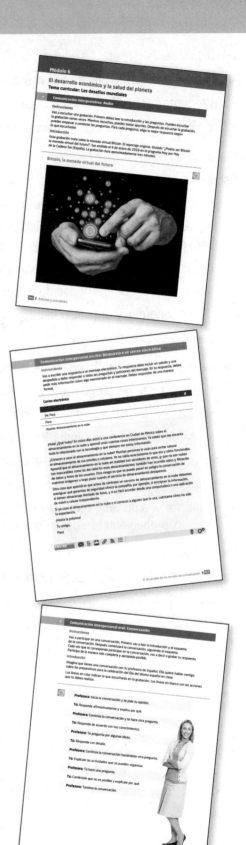

Paso 1: Vuelve a leer.

Vuelve a leer el correo electrónico al que vas a responder y toma nota de

- preguntas específicas a las que vas a responder,
- preguntas específicas que quieres hacer o información adicional que quieres pedir.

Paso 2: Escribe.

Escribe tu respuesta al correo electrónico tomando en cuenta que

- debes incluir un saludo y una despedida a la persona que te envió el correo,
- debes determinar si necesitas usar lenguaje formal o informal (Casi siempre usarás lenguaje formal para escribirle a un adulto y lenguaje informal para escribirl a un amigo u otro alumno.),
- debes usar expresiones idiomáticas y un vocabulario adecuado,
- debes emplear una variedad de estructuras del lenguaje simples y complejas,
- debes ser breve y organizar la información de manera lógica y fácil de comprender.

Paso 3: Revisa.

Revisa lo que has escrito, intercambiando tu trabajo con un(a) compañero(a) y poniendo especial atención a

- si contestaste las preguntas o hiciste las preguntas que necesitabas hacer,
- si usaste el lenguaje apropiado (formal o informal) según la persona a quien se dirige el correo,
- si usaste expresiones idiomáticas y un vocabulario adecuado,
- si usaste la gramática, ortografía y puntuación correcta,
- si organizaste la información de manera lógica y fácil de comprender,
- si hiciste una división correcta de oraciones y párrafos; por ejemplo, si un párrafo tiene una sola oración, probablemente tienes que reescribirlo para dividir el párrafo en más oraciones.

Paso 4: Envía.

Haz todos los ajustes y correcciones del Paso 3 y entrega o envía tu correo electrónico.

. . . .

A continuación, te presentamos un ejemplo de una respuesta a un correo electrónico. Observa los detalles con detenimiento.

Instrucciones

Vas a escribir una respuesta a un mensaje electrónico. Tu respuesta debe incluir un saludo y una despedida, y debe responder a todas las preguntas y peticiones del mensaje. En tu respuesta, debes pedir más información sobre algo mencionado en el mensaje. Debes responder de una manera formal.

Modelo

X

De: Oscar Pereira

Para: Lucía Fernández

Asunto: Ayuda voluntaria en el Banco de Alimentos del Pueblo

Estimado voluntario/voluntaria:

Muchas gracias por haber aceptado participar como voluntario(a) en nuestro Banco de Comida del Pueblo. Permítame expresarle nuestro agradecimiento por su interés en nuestra institución y su oferta de dedicar parte de su tiempo a trabajar como voluntario(a). Somos una organización dedicada a recibir y repartir alimentos entre los residentes más vulnerables de nuestra comunidad. Contamos con fondos públicos limitados y donativos de la comunidad, además del trabajo voluntario de personas como usted.

Para poder aprovechar su talento y experiencia, necesitamos tener la siguiente información:

• ¿En qué área de nuestra organización le gustaría trabajar y por qué?

• ¿Ha hecho labor voluntaria anteriormente?

Le agradecemos que nos envíe esta información en cuanto pueda para poder incluirlo en nuestro equipo de voluntarios.

Estoy a sus órdenes para cualquier otra información que necesite.

Le saluda atentamente,

Oscar Pereira

Director del Equipo de voluntarios

Banco de Alimentos del Pueblo

Respuesta modelo

X

De: Lucía Fernández

Para: Oscar Pereira

Asunto: Ayuda voluntaria en el Banco de Alimentos del Pueblo

Estimado señor Pereira[1]:

Muchas gracias por su correo electrónico. **Es un honor para mí[2]** haber sido seleccionada para participar en el equipo de voluntarios del Banco de Alimentos del Pueblo. Estoy muy entusiasmada con la idea de poder trabajar con **usted[3]** y su equipo, ayudando a las personas vulnerables de nuestra comunidad.

En mis vacaciones de verano he cooperado como voluntaria en los comedores públicos que alimentan a los desamparados de nuestra comunidad porque creo que es una forma de **contribuir al mejoramiento[2]** de sus miembros. **En cuanto al[2]** área de trabajo, **he trabajado con los inventarios de alimentos de los comedores públicos, pero puedo colaborar en cualquier posición que usted estime necesaria[3, 4, 5].**

Estoy a su disposición[3] para cualquier otra información que necesite. Espero tener pronto la oportunidad de conocerlo.

Atentamente[1],

Lucía Fernández

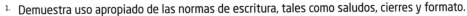

1. Demuestra uso apropiado de las normas de escritura, tales como saludos, cierres y formato.
2. Usa expresiones idiomáticas y un vocabulario adecuado.
3. Demuestra uso adecuado del registro formal.
4. Emplea una variedad de estructuras del lenguaje simples y complejas.
5. Provee y elabora la información requerida de forma claramente organizada.

Paso 1: Elige un argumento de peso.

Elige un buen argumento que puedas defender y que te pueda ayudar a convencer al lector de tu punto de vista.

- Ejemplo de un mal argumento: *No es bueno destruir los bosques naturales.*
- Ejemplo de un buen argumento: *Destruir los bosques naturales es malo porque daña el ambiente.*

Paso 2: Usa oraciones declarativas.

Usa siempre oraciones declarativas que ayuden a persuadir al lector en tus párrafos. Ejemplos:

- *Los bosques naturales son ecosistemas que sirven a la vez de laboratorios naturales para los científicos que buscan avances en la medicina.*
- *Los bosques naturales combaten la contaminación al generar oxígeno y limpiar el aire de dióxido de carbono.*

Paso 3: Usa fuentes, datos y referencias.

Sustenta siempre tu argumento con datos e información que respalden tu punto de vista. Estos pueden dar más detalles a tus oraciones declarativas. Ejemplos:

- *Los estudios ecológicos de la Universidad de Columbia en Nueva York indican que los bosques naturales ayudan a mantener el equilibrio en el ambiente al proteger el suelo y combatir la contaminación.*
- *Según estudios de la Universidad Autónoma de México, las plantas y hierbas de los bosques naturales han ayudado a desarrollar nuevos medicamentos en los últimos setenta años.*

Paso 4: Repite y recapitula.

Repite tu argumento de varias formas en tu ensayo y resume tu punto de vista al finalizar. Demuestra estar seguro de tu argumento al querer convencer al lector de una manera firme pero coherente. Ejemplos:

- *Por todo lo expuesto, no solamente es malo destruir los bosques naturales, sino que es nuestro deber como ciudadanos responsables tomar medidas para protegerlos.*
- *En conclusión, debemos controlar la destrucción de los bosques naturales para no acelerar la contaminación ambiental y la desaparición de plantas y animales.*

Para un ejemplo de un ensayo persuasivo, favor de consultar la introducción de **Artículos y actividades,** Libro 1.

Las rúbricas a continuación sirven como guía para calificar, ubicar y evaluar el progreso de los alumnos en las distintas modalidades de comunicación.

Rúbrica para comunicación interpersonal

Oral	Nivel 5	Nivel 4	Nivel 3	Nivel 2	Nivel 1
Interacción	• Casi siempre inicia, mantiene y termina conversaciones sobre temas conocidos de forma culturalmente adecuada. • Comprende y usa casi siempre expresiones y gestos culturalmente adecuados.	• Inicia, mantiene y termina conversaciones sobre temas conocidos. • Interactúa de forma culturalmente adecuada y puede entender el uso de expresiones y gestos.	• Inicia, mantiene y termina conversaciones sobre temas conocidos. • Interactúa de forma culturalmente adecuada algunas veces.	• Inicia y termina conversaciones sobre temas de interés personal y las mantiene con comentarios básicos. • Comprensión limitada de mensajes sobre temas conocidos. • Poca habilidad para interactuar de una forma culturalmente adecuada. • Requiere frecuentemente la intervención de otros para ser comprendido.	• Trabaja a un nivel por debajo del indicado para el nivel 2.
Estrategias	• Usa una variedad de estrategias para mantener la comunicación (por ejemplo: parafraseo, circunlocución, reafirmar, pedir clarificación o información). • Hace preguntas a menudo para mantener la conversación. • Reconoce errores a menudo y se auto-corrige.	• Usa algunas estrategias para mantener la comunicación (por ejemplo: parafraseo, circunlocución, reafirmar, pedir clarificación o información). • Usa el contexto para inferir el significado de palabras desconocidas. • Reconoce algunos errores y se auto-corrige.	• Usa estrategias, como el parafraseo y circunlocución, algunas veces. • Pide a menudo repetición para clarificar un significado. • Usa el contexto para inferir el significado de palabras desconocidas. • Puede que reconozca errores, pero no siempre logra auto-corregirse.	• Puede que pida información básica o repetición para clarificación. • Casi nunca reconoce errores y no logra auto-corregirse.	• Trabaja a un nivel por debajo del indicado para el nivel 2.

Oral	Nivel 5	Nivel 4	Nivel 3	Nivel 2	Nivel 1
Opiniones	• Expresa opiniones y demuestra alguna habilidad para apoyar opiniones de interés personal.	• Da opiniones sobre temas conocidos con apoyo limitado.	• Expresa opiniones de interés personal. • Comprende y responde a preguntas y afirmaciones sobre temas conocidos.	• Se limita a opinar sobre lo que le agrada y desagrada.	• Trabaja a un nivel por debajo del indicado para el nivel 2.
Estructura del lenguaje	• Usa una variedad de oraciones simples y compuestas y algunas oraciones complejas sobre temas conocidos. • Narra y describe en todos los tiempos verbales, con algunos errores que no impiden la comprensión.	• Usa oraciones simples y compuestas y algunas oraciones complejas, con cierta precisión. • Narra y describe en todos los tiempos verbales, con bastante precisión en el tiempo presente y con menos precisión en el pasado y el futuro.	• Las narraciones y descripciones se caracterizan por una serie de oraciones simples y algunas oraciones compuestas, con bastante precisión en el tiempo presente y menos precisión en los otros tiempos verbales.	• Usa oraciones simples con cierta precisión en el tiempo presente.	• Trabaja a un nivel por debajo del indicado para el nivel 2.
Vocabulario	• Comprende y usa el vocabulario en una variedad de temas conocidos, incluyendo algunos más allá de su interés personal.	• Comprende y usa el vocabulario en una variedad de temas conocidos, incluyendo algunos culturalmente adecuados y expresiones idiomáticas relacionados con temas de interés personal.	• Comprende y usa vocabulario de grupos de palabras de temas conocidos y a veces incorpora algún vocabulario culturalmente adecuado y algunas expresiones idiomáticas.	• Comprende y usa un número limitado de vocabulario de grupos de palabras, incluyendo frases memorizadas y algunas expresiones idiomáticas.	• Trabaja a un nivel por debajo del indicado para el nivel 2.
Registro	• El registro es consistente, a pesar de algunos errores, y casi siempre es el adecuado para la audiencia.	• El registro casi siempre es el adecuado para la situación, pero en ocasiones cambia del formal al informal.	• El registro puede ser inadecuado para la audiencia y cambia del formal al informal.	• Se comunica usando principalmente el registro informal.	• Trabaja a un nivel por debajo del indicado para el nivel 2.

Oral	Nivel 5	Nivel 4	Nivel 3	Nivel 2	Nivel 1
Pronunciación	• Los patrones de pronunciación y entonación, el ritmo y la forma de hablar son comprensibles para una audiencia no acostumbrada a interactuar con alumnos de otras lenguas. • La pronunciación es consistente, con algunos errores que no impiden la comprensión.	• La pronunciación y la entonación son comprensibles para una audiencia no acostumbrada a interactuar con alumnos de otras lenguas. • Los errores no impiden la comprensión.	• La pronunciación y la entonación son comprensibles para una audiencia acostumbrada a interactuar con estudiantes de otras lenguas. • Los errores a veces impiden la comprensión.	• La pronunciación y la entonación son en su mayoría comprensibles para una audiencia no acostumbrada a interactuar con alumnos de otras lenguas. • Los errores impiden la comprensión.	• Trabaja a un nivel por debajo del indicado para el nivel 2.
Culturas, conexiones y comparaciones	• Identifica la relación entre productos, prácticas y perspectivas de la(s) cultura(s) estudiada(s) y las compara con su propia cultura. • Compara y contrasta información geográfica, histórica, artística, social, o política de las comunidades culturales estudiadas.	• Describe con algún detalle productos o prácticas de la(s) cultura(s) estudiada(s), pero a veces se equivoca al identificar las perspectivas culturales. • Compara y contrasta alguna información geográfica, histórica, artística, social, o política de las comunidades culturales estudiadas.	• Identifica algunos productos y prácticas culturales de la(s) cultura(s) estudiada(s) y algunas perspectivas en común. • Identifica alguna información geográfica, histórica, artística, social, o política de las comunidades culturales estudiadas.	• Identifica unos cuantos productos o prácticas culturales y alguna información geográfica, histórica, artística, social, o política de las comunidades culturales estudiadas.	• Trabaja a un nivel por debajo del indicado para el nivel 2.

Escrita	Nivel 5	Nivel 4	Nivel 3	Nivel 2	Nivel 1
Interacción	• Inicia, mantiene y termina intercambios escritos en comunicaciones formales e informales con control de las convenciones culturales adecuadas. • Comprende y responde a preguntas sobre temas conocidos con alguna elaboración y detalle.	• Inicia, mantiene y termina intercambios escritos en comunicaciones formales e informales, pero el control de las convenciones culturales adecuadas es inconsistente. • Comprende y responde preguntas y afirmaciones sobre temas conocidos con alguna elaboración y detalle.	• Inicia, mantiene y termina intercambios escritos sobre temas conocidos. • Comprende y responde preguntas y afirmaciones sobre temas conocidos.	• Responde preguntas y afirmaciones de interés personal en intercambios escritos.	• Trabaja a un nivel por debajo del indicado para el nivel 2.
Estrategias	• Usa una variedad de estrategias para mantener la comunicación (por ejemplo: parafraseo, circunlocución, pedir clarificación o información). • Usa el contexto para inferir el significado de palabras desconocidas y a menudo reconoce los errores y se auto-corrige.	• Usa estrategias (por ejemplo: parafraseo, circunlocución, pedir clarificación o información) para mantener la comunicación. • Usa el contexto para inferir el significado de palabras desconocidas. • Reconoce algunos errores y se auto-corrige.	• A veces usa estrategias (por ejemplo: reafirmar, circunlocución, pedir clarificación de información), cuando interactúa con temas conocidos. • A veces usa el contexto para inferir el significado de palabras desconocidas. • Puede reconocer errores. • A veces intenta auto-editarse.	• Pide información básica para clarificación. • Casi nunca reconoce errores y no logra auto-editarse.	• Trabaja a un nivel por debajo del indicado para el nivel 2.
Opiniones	• Expresa opiniones y demuestra alguna habilidad para apoyar opiniones de interés personal.	• Ofrece opiniones sobre temas conocidos con habilidad limitada para apoyarlas.	• Expresa opiniones de interés personal.	• Se limita a opinar sobre lo que le agrada y desagrada.	• Trabaja a un nivel por debajo del indicado para el nivel 2.

Escrita	Nivel 5	Nivel 4	Nivel 3	Nivel 2	Nivel 1
Estructura del lenguaje	• Usa una variedad de oraciones simples y compuestas y algunas oraciones complejas en temas conocidos. • Narra y describe en todos los tiempos verbales, con algunos errores que no impiden la comprensión. • Usa frases transicionales y recursos que contribuyen a la cohesión.	• Casi siempre escribe con precisión sobre temas conocidos y usa una variedad de oraciones simples, compuestas y algunas complejas en todos los tiempos verbales, pero con más precisión en el tiempo presente y alguna precisión en el pasado y el futuro. • Usa algunas frases transicionales y recursos que contribuyen a la cohesión.	• Usa una serie de oraciones sencillas y algunas oraciones compuestas, con más precisión en el tiempo presente y alguna precisión en los otros tiempos verbales.	• Usa oraciones simples con alguna precisión en el tiempo presente. • Control inconsistente de las estructuras básicas.	• Trabaja a un nivel por debajo del indicado para el nivel 2.
Normas de redacción	• La redacción es consistente en el uso de las normas del lenguaje escrito (por ejemplo: uso de las mayúsculas, ortografía, acentos), según el medio de comunicación (chateo en línea, correo electrónico, cartas, blogs).	• La redacción es, en general, consistente en el uso de las normas del lenguaje escrito (por ejemplo: uso de mayúsculas, ortografía, acentos), según el medio de comunicación (por ejemplo: chateo en línea, correo electrónico, cartas, blogs).	• La redacción es inconsistente en el uso de las normas del lenguaje escrito (por ejemplo: uso de mayúsculas, ortografía, acentos), según el medio de comunicación (por ejemplo: chateo en línea, correo electrónico, cartas, blogs) y a veces interfiere con el significado.	• La redacción usa poco las normas del lenguaje escrito (por ejemplo: uso de mayúsculas, ortografía, acentos), según el medio de comunicación (por ejemplo: chateo en línea, correo electrónico, cartas, blogs).	• Trabaja a un nivel por debajo del indicado para el nivel 2.

Escrita	Nivel 5	Nivel 4	Nivel 3	Nivel 2	Nivel 1
Vocabulario	• Comprende y usa el vocabulario en una variedad de temas conocidos, incluso algunos más allá de su interés personal. • Comprende y usa expresiones idiomáticas y algún vocabulario culturalmente adecuado.	• Comprende y usa el vocabulario en una variedad de temas conocidos, incluso algunos culturalmente adecuados y expresiones idiomáticas relacionados a temas de interés personal.	• Comprende y usa vocabulario de grupos de palabras de temas conocidos. • A veces incorpora algún vocabulario culturalmente adecuado y algunas expresiones idiomáticas.	• Comprende y usa un número limitado de vocabulario de grupos de palabras de temas conocidos, incluyendo frases memorizadas y algunas expresiones idiomáticas.	• Trabaja a un nivel por debajo del indicado para el nivel 2.
Registro	• El registro es consistente, a pesar de algunos errores, y casi siempre es el adecuado para la audiencia.	• El registro casi siempre es el adecuado para la situación, pero en ocasiones cambia del formal al informal.	• El registro puede ser inadecuado para la audiencia y cambia del formal al informal.	• Se comunica usando principalmente el registro informal.	• Trabaja a un nivel por debajo del indicado para el nivel 2.
Culturas, conexiones y comparaciones	• Identifica la relación entre productos, prácticas y perspectivas de la(s) cultura(s) estudiada(s) y las compara con su propia cultura. • Compara y contrasta una variedad de información geográfica, histórica, artística, social, o política de las comunidades culturales estudiadas.	• Describe con algún detalle productos o prácticas de la(s) cultura(s) estudiada(s), pero a veces se equivoca al identificar las perspectivas culturales. • Compara y contrasta alguna información geográfica, histórica, artística, social, o política de las comunidades culturales estudiadas.	• Identifica algunos productos y prácticas culturales de la(s) cultura(s) estudiada(s) y algunas perspectivas en común. • Identifica alguna información geográfica, histórica, artística, social, o política de las comunidades culturales estudiadas.	• Identifica unos cuantos productos o prácticas culturales y alguna información geográfica, histórica, artística, social, o política de las comunidades culturales estudiadas.	• Trabaja a un nivel por debajo del indicado para el nivel 2.

Rúbrica para comunicación interpretativa

Audio, Lectura y audio	Nivel 5	Nivel 4	Nivel 3	Nivel 2	Nivel 1
Comprensión del contenido	• Identifica las ideas principales, algunos detalles significativos y la audiencia objetivo en una variedad de temas. • Usa el contexto para inferir el significado de palabras desconocidas y a menudo infiere los significados implícitos.	• Identifica la mayoría de las ideas principales y algunos detalles relevantes de temas conocidos. • Usa el contexto para inferir el significado de palabras desconocidas y hace algunas inferencias.	• Identifica algunas ideas principales y detalles de temas conocidos. • Responde preguntas de información básica (por ejemplo: ¿Quién? ¿Qué? ¿Cuándo? ¿Dónde?) con exactitud. • Algunas veces usa el contexto para inferir el significado de palabras desconocidas y hacer inferencias limitadas.	• Identifica algunas ideas principales o detalles. • Algunas veces no puede responder preguntas de información básica.	• Trabaja a un nivel por debajo del indicado para el nivel 2.
Observación y facultad auditiva crítica	• Identifica características distintivas (por ejemplo: la audiencia objetivo, tipo de recurso, propósito) de recursos auténticos.	• Identifica algunas características distintivas (por ejemplo: la audiencia objetivo, tipo de recurso, propósito) de recursos auténticos.	• Identifica unas cuantas características distintivas (por ejemplo: la audiencia objetivo, tipo de recurso, propósito) de recursos auténticos.	• Identifica pocas características distintivas (por ejemplo: la audiencia objetivo, tipo de recurso, propósito) de recursos auténticos.	• Trabaja a un nivel por debajo del indicado para el nivel 2.
Vocabulario	• Comprende una variedad de vocabulario relacionado con temas de interés personal y algunos otros temas, incluso vocabulario culturalmente adecuado y algunas expresiones idiomáticas.	• Comprende casi todo el vocabulario, incluso algún vocabulario culturalmente adecuado y expresiones idiomáticas relacionados con temas de interés personal.	• Comprende una variedad de vocabulario de temas de interés personal.	• Comprende un número limitado de vocabulario de grupos de palabras de temas conocidos, incluso frases memorizadas y algunas expresiones idiomáticas.	• Trabaja a un nivel por debajo del indicado para el nivel 2.

Audio, Lectura y audio	Nivel 5	Nivel 4	Nivel 3	Nivel 2	Nivel 1
Culturas, conexiones y comparaciones	• Identifica la relación entre productos, prácticas y perspectivas de la(s) cultura(s) estudiada(s). • Comprende casi todo el contenido de temas interdisciplinarios conocidos. • Compara y contrasta información geográfica, histórica, artística, social, o política de las comunidades culturales estudiadas.	• Identifica productos, prácticas y algunas perspectivas de la(s) cultura(s) estudiada(s). • Comprende parte del contenido de temas interdisciplinarios conocidos. • Compara y contrasta alguna información geográfica, histórica, artística, social, o política de las comunidades culturales estudiadas.	• Identifica productos y prácticas culturales de la(s) cultura(s) estudiada(s). • Comprende el contenido básico de temas interdisciplinarios conocidos. • Identifica poca información geográfica, histórica, artística, social, o política de las comunidades culturales estudiadas.	• Identifica unos cuantos productos y prácticas culturales de la(s) cultura(s) estudiada(s). • Demuestra comprensión limitada del contenido básico de temas interdisciplinarios conocidos. • Identifica poca información geográfica, histórica, artística, social, o política de las comunidades culturales estudiadas.	• Trabaja a un nivel por debajo del indicado para el nivel 2.

Lectura	Nivel 5	Nivel 4	Nivel 3	Nivel 2	Nivel 1
Comprensión del contenido	• Identifica las ideas principales y detalles significativos en una variedad de temas. • Usa el contexto para inferir el significado de palabras desconocidas y a menudo infiere los significados implícitos.	• Identifica la mayoría de las ideas principales y algunos detalles relevantes de temas conocidos. • Usa varias estrategias de lectura para la comprensión literal del texto. • Usa el contexto para inferir el significado de palabras desconocidas y hace algunas inferencias.	• Identifica algunas ideas principales y detalles de temas conocidos. • Responde preguntas de información básica (por ejemplo: ¿Quién? ¿Qué? ¿Cuándo? ¿Dónde?) con exactitud. • Hace inferencias limitadas y usa claves del contexto para la comprensión literal. • Algunas veces usa el contexto para inferir el significado de palabras desconocidas.	• Identifica algunas ideas principales o detalles. • Algunas veces usa claves del contexto para la comprensión básica.	• Trabaja a un nivel por debajo del indicado para el nivel 2.

Lectura	Nivel 5	Nivel 4	Nivel 3	Nivel 2	Nivel 1
Lectura crítica	• Demuestra destrezas de lectura crítica. • Diferencia entre hechos y opiniones. • Identifica la audiencia, la fuente y el propósito. • Describe el contexto básico.	• Identifica la audiencia, la fuente y el propósito.	• Identifica la fuente y el propósito.	• Identifica la fuente.	• Trabaja a un nivel por debajo del indicado para el nivel 2.
Vocabulario	• Comprende una variedad de vocabulario relacionado con temas de interés personal y algunos otros temas, incluso vocabulario culturalmente adecuado y algunas expresiones idiomáticas.	• Comprende casi todo el vocabulario, incluso algún vocabulario culturalmente adecuado y expresiones idiomáticas relacionados con temas de interés personal.	• Comprende una variedad de vocabulario de temas de interés personal.	• Comprende un número limitado de vocabulario de grupos de palabras de temas conocidos, incluso frases memorizadas y algunas expresiones idiomáticas.	• Trabaja a un nivel por debajo del indicado para el nivel 2.
Culturas, conexiones y comparaciones	• Identifica la relación entre productos, prácticas y perspectivas de la(s) cultura(s) estudiada(s). • Comprende casi todo el contenido de temas interdisciplinarios. • Compara y contrasta información geográfica, histórica, artística, social, o política de las comunidades culturales estudiadas.	• Identifica productos, prácticas y algunas perspectivas de la(s) cultura(s) estudiadas(s). • Comprende parte del contenido de temas interdisciplinarios conocidos. • Compara y contrasta alguna información geográfica, histórica, artística, social, o política de las comunidades culturales estudiadas.	• Identifica productos y prácticas culturales de la(s) cultura(s) estudiada(s). • Comprende el contenido básico de temas interdisciplinarios conocidos. • Identifica poca información geográfica, histórica, artística, social, o política de las comunidades culturales estudiadas.	• Identifica unos cuantos productos y prácticas culturales comunes de la(s) cultura(s) estudiada(s). • Demuestra comprensión limitada del contenido básico de temas interdisciplinarios conocidos. • Identifica poca información geográfica, histórica, artística, social, o política de las comunidades culturales estudiadas.	• Trabaja a un nivel por debajo del indicado para el nivel 2.

Rúbrica para presentaciones orales y escritas

Presentación oral	Nivel 5	Nivel 4	Nivel 3	Nivel 2	Nivel 1
Discurso y desarrollo	• Usa párrafos cohesivos para reportar, explicar o narrar la información en una variedad de temas conocidos. • Desarrolla sus ideas mediante la síntesis e interpretación de información de trasfondo.	• Usa párrafos con alguna cohesión para explicar, dar opiniones o narrar la información de temas conocidos. • Presenta ideas desarrolladas y las apoya con ejemplos.	• Usa una serie de oraciones para expresar opiniones personales, describir o narrar la información de temas conocidos. • Presenta ideas algo desarrolladas y usa una estructura organizativa básica (introducción, argumento y conclusión).	• Usa una serie de oraciones para expresar opiniones personales, describir o narrar temas de interés personal. • No desarrolla sus ideas y no sigue una estructura organizativa básica.	• Trabaja a un nivel por debajo del indicado para el nivel 2.
Estrategias	• Usa una variedad de estrategias para clarificar y elaborar el contenido. • Logra auto-corregirse casi siempre.	• Usa correctamente algunas estrategias de comunicación, como el parafraseo y la clarificación de ideas. • Logra auto-corregirse a menudo.	• Usa oraciones simples y compuestas con bastante precisión en el tiempo presente y con menos precisión en otros tiempos verbales. • Los errores pueden impedir la comprensión.	• Usa oraciones simples y compuestas con cierta precisión en el tiempo presente. • Los errores impiden la comprensión.	• Trabaja a un nivel por debajo del indicado para el nivel 2.
Estructura del lenguaje	• Usa correctamente una variedad de oraciones simples y compuestas y algunas oraciones complejas. • Los errores no interfieren con la comprensión.	• Usa oraciones simples y compuestas y algunas oraciones complejas con cierta precisión. • Los errores no impiden la comprensión.	• Comprende una variedad de vocabulario de temas de interés personal.	• Comprende un número limitado de vocabulario de grupos de palabras de temas conocidos, incluso frases memorizadas y algunas expresiones idiomáticas.	• Trabaja a un nivel por debajo del indicado para el nivel 2.

Presentación oral	Nivel 5	Nivel 4	Nivel 3	Nivel 2	Nivel 1
Vocabulario	• Usa vocabulario en una variedad de temas conocidos, incluso algunos más allá de su interés personal. • Usa expresiones idiomáticas y algún vocabulario culturalmente adecuado.	• Usa vocabulario en una variedad de temas conocidos, incluso algunas expresiones idiomáticas y vocabulario culturalmente adecuado relacionados con temas de interés personal.	• Usa vocabulario de grupos de palabras y a veces incorpora algún vocabulario culturalmente adecuado y algunas expresiones idiomáticas.	• Usa vocabulario de grupos de palabras de temas conocidos, frases memorizadas y pocas expresiones idiomáticas.	• Trabaja a un nivel por debajo del indicado para el nivel 2.
Pronunciación	• Los patrones de pronunciación y entonación, el ritmo y la claridad al hablar son comprensibles para una audiencia general.	• Los patrones de pronunciación y entonación, el ritmo y la claridad al hablar son en su mayoría comprensibles para una audiencia acostumbrada a alumnos de otras lenguas. • Los errores no impiden la comprensión.	• Los patrones de pronunciación y entonación son comprensibles para una audiencia acostumbrada a alumnos de otras lenguas. • Los errores a veces impiden la comprensión.	• Los patrones de pronunciación y entonación son en su mayoría comprensibles para una audiencia acostumbrada a alumnos de otras lenguas. • Los errores impiden la comprensión.	• Trabaja a un nivel por debajo del indicado para el nivel 2.
Registro	• El registro es consistente, a pesar de algunos errores, y casi siempre es el adecuado para la audiencia.	• El registro casi siempre es el adecuado para la audiencia, pero en ocasiones cambia del formal al informal.	• El registro puede ser inadecuado para la audiencia y cambia del formal al informal.	• Se comunica usando principalmente el registro informal.	• Trabaja a un nivel por debajo del indicado para el nivel 2.

Presentación oral	Nivel 5	Nivel 4	Nivel 3	Nivel 2	Nivel 1
Culturas, conexiones y comparaciones	• Identifica la relación entre productos, prácticas y perspectivas de la(s) cultura(s) estudiada(s). • Comprende el contenido de la mayoría de los temas interdisciplinarios de las fuentes de información. • Compara y contrasta información geográfica, histórica, artística, social o política de las comunidades culturales estudiadas.	• Describe con algún detalle productos o prácticas de la(s) cultura(s) estudiada(s), pero a veces se equivoca al identificar las perspectivas culturales. • Puede comparar y contrastar alguna información geográfica, histórica, artística, social o política de las comunidades culturales estudiadas.	• Identifica algunos productos y prácticas de la(s) cultura(s) estudiada(s), y algunas perspectivas en común. • Identifica alguna información geográfica, histórica, artística, social o política de las comunidades culturales estudiadas.	• Identifica unos cuantos productos o prácticas en común y alguna información geográfica, histórica, artística, social o política de las comunidades culturales estudiadas.	• Trabaja a un nivel por debajo del indicado para el nivel 2.

Presentación escrita	Nivel 5	Nivel 4	Nivel 3	Nivel 2	Nivel 1
Retórica y desarrollo	• Usa párrafos cohesivos para reportar, explicar o narrar la información de temas conocidos. • Integra contenido de múltiples fuentes para apoyar su presentación.	• Usa párrafos levemente cohesivos para explicar, dar opiniones o narrar la información de temas conocidos. • Resume múltiples fuentes con limitada integración del contenido para apoyar su presentación.	• Usa una serie de oraciones para expresar opiniones personales, describir o narrar la información de temas conocidos. • Resume el contenido de varias fuentes para apoyar su presentación.	• Usa una serie de oraciones para expresar opiniones personales, describir o narrar temas de interés personal. • Resume el contenido de varias fuentes, pero no apoya su presentación.	• Trabaja a un nivel por debajo del indicado para el nivel 2.

Presentación escrita	Nivel 5	Nivel 4	Nivel 3	Nivel 2	Nivel 1
Estrategias	• Usa una variedad de estrategias para clarificar y elaborar el contenido. • Logra auto-corregirse casi siempre.	• Usa correctamente algunas estrategias de comunicación, como el parafraseo y la clarificación de ideas. • Logra auto-corregirse a menudo.	• Usa unas pocas estrategias de comunicación, como la repetición y el énfasis. • Logra auto-corregirse a veces.	• Muy pocas veces reconoce un error. • No logra auto-corregirse.	• Trabaja a un nivel por debajo del indicado para el nivel 2.
Estructura del lenguaje	• Usa correctamente una variedad de oraciones simples y compuestas y algunas oraciones complejas. • Los errores no interfieren con la comprensión.	• Usa con cierta precisión oraciones simples y compuestas y algunas oraciones complejas. • Los errores no impiden la comprensión.	• Usa oraciones simples y compuestas con bastante precisión en el tiempo presente y con menos precisión en otros tiempos verbales. • Los errores pueden impedir la comprensión.	• Usa oraciones simples con alguna precisión en el tiempo presente. • Los errores impiden la comprensión.	• Trabaja a un nivel por debajo del indicado para el nivel 2.
Vocabulario	• Usa el vocabulario en una variedad de temas conocidos, incluso algunos más allá de su interés personal. • Usa expresiones idiomáticas y algún vocabulario culturalmente adecuado.	• Usa el vocabulario en una variedad de temas conocidos, incluso algunas expresiones idiomáticas y vocabulario culturalmente adecuado relacionados con temas de interés personal.	• Usa vocabulario de grupos de palabras de temas conocidos y a veces incorpora algún vocabulario culturalmente adecuado y algunas expresiones idiomáticas.	• Usa vocabulario de grupos de palabras de temas conocidos, frases memorizadas y unas cuantas expresiones idiomáticas.	• Trabaja a un nivel por debajo del indicado para el nivel 2.

Presentación escrita	Nivel 5	Nivel 4	Nivel 3	Nivel 2	Nivel 1
Normas de redacción	• Demuestra un uso consistente de las normas de redacción (por ejemplo: uso de mayúsculas, ortografía, tildes). • Los errores no interfieren con la comprensión.	• Demuestra un uso relativamente consistente de las normas de redacción (por ejemplo: uso de mayúsculas, ortografía, tildes). • Los errores no interfieren con la comprensión.	• Sigue las normas de redacción (por ejemplo: uso de mayúsculas, ortografía, tildes) de forma inconsistente. • Los errores pueden causar confusión al lector.	• Sigue muy pocas normas de redacción (por ejemplo: uso de mayúsculas, ortografía, tildes).	• Trabaja a un nivel por debajo del indicado para el nivel 2.
Registro	• El registro es consistente, a pesar de algunos errores, y es adecuado para la audiencia.	• El registro casi siempre es adecuado para la audiencia, pero en ocasiones cambia del formal al informal.	• El registro puede ser inadecuado para la audiencia y cambia del formal al informal.	• Se comunica usando principalmente el registro informal.	• Trabaja a un nivel por debajo del indicado para el nivel 2.
Culturas, conexiones y comparaciones	• Identifica la relación entre productos, prácticas y perspectivas de la(s) cultura(s) estudiada(s). • Comprende la mayoría de los temas interdisciplinarios en las fuentes de información. • Compara y contrasta información geográfica, histórica, artística, social o política de las comunidades culturales estudiadas.	• Describe con algún detalle productos o prácticas de la(s) cultura(s) estudiada(s), pero a veces se equivoca al identificar las perspectivas culturales. • Compara y contrasta alguna información geográfica, histórica, artística, social o política de las comunidades culturales estudiadas.	• Identifica algunos productos y prácticas de la(s) cultura(s) estudiada(s), y algunas perspectivas en común. • Identifica alguna información geográfica, histórica, artística, social o política de las comunidades culturales estudiadas.	• Identifica unos cuantos productos o prácticas en común y alguna información geográfica, histórica, artística, social o política de las comunidades culturales estudiadas.	• Trabaja a un nivel por debajo del indicado para el nivel 2.

¿Quiénes somos?

Tema curricular: Las familias y las comunidades

Instrucciones

Vas a leer un texto y escuchar una grabación. Antes de escuchar la grabación, debes leer la introducción y las preguntas. Puedes escuchar la grabación varias veces. Mientras escuchas, puedes tomar apuntes. Después de escuchar la grabación, puedes empezar a contestar las preguntas. Para cada pregunta, elige la mejor respuesta según la grabación y/o el texto.

Fuente número 1

Introducción

Este texto trata sobre la personalidad de los hijos según el orden de nacimiento. El reportaje original fue publicado el 20 de julio de 2015 en *El Huffington Post* (España).

Cómo afecta a tu personalidad ser el hijo mayor, el mediano o el pequeño

Carolyn Gregoire

Los hijos únicos tienen reputación de ser perfeccionistas y triunfadores, de buscar siempre la atención y la aprobación de sus padres y de los demás. Pero los hijos con hermanos también desarrollan diferentes tipos de personalidad según el orden de nacimiento.

Igual que otros factores desempeñan un papel en el crecimiento de un niño — incluyendo la genética, el entorno y la educación—, el orden de nacimiento también puede ser definitorio de sus rasgos y su comportamiento.

Desde la década de 1970 se han llevado a cabo miles de estudios científicos sobre la influencia del orden de nacimiento, pero los psicólogos suelen mostrarse en desacuerdo sobre en qué medida este orden afecta al desarrollo. Sin embargo, hay algunos aspectos comunes entre las personalidades de los hijos mayores, las de los medianos y las de los pequeños que se repiten de forma consistente en los escritos.

¿Por qué existen estas diferencias? Muchos psicólogos han sugerido que las personalidades de los hermanos difieren en tanto que adoptan diferentes estrategias para ganarse la atención y el favor de los padres. De acuerdo con esta teoría, el hermano mayor es más propenso a sentirse identificado con la autoridad y con el mantenimiento del *status quo*, mientras que es más probable que los hermanos más jóvenes busquen atención a través de actos rebeldes.

"Los niños descubren su posición en relación con la familia", comenta a la edición estadounidense de *The Huffington Post* el doctor Kevin Leman, psicólogo y autor de *The Birth Order Book* [El libro del orden de nacimiento] y *The First-Born Advantage* [La ventaja del primogénito]. "A los primogénitos se les imponen unas reglas más estrictas. A medida que van naciendo más hijos, los padres se relajan".

El hijo mayor

Los hijos (o las hijas) primogénitos tienden a verse orientados a cumplir algún logro y a menudo rinden bien en la escuela y prosperan en posiciones de liderazgo, según afirma Leman.

"Los primogénitos son los primeros en todo... y son los que deciden la altura del listón", dice Leman, que añade que la mayoría de presidentes en Estados Unidos han sido primogénitos o hijos únicos.

De hecho, hay una gran cantidad de investigaciones que apoyan este perfil de personalidad, incluyendo un artículo de 2012 que recopila más de quinientos estudios en los últimos veinte años. En el artículo en cuestión, los psicólogos de la Universidad de Georgia probaron que el hijo primogénito (o aquel que ha asumido el papel del «hijo mayor») es el que con más probabilidad desempeñe posiciones de liderazgo y se esfuerce por conseguir más éxito. Un estudio de 2009 publicado en el periódico *Child Development* también descubrió que los niños primogénitos son más adaptables — algo que podría manifestarse en la búsqueda de complacencia de sus padres y de los demás al rendir mejor en los estudios y en el trabajo.

"Los primogénitos tienden a ser responsables, competitivos y convencionales, mientras que los nacidos después tienden a distinguirse de los demás y a crearse un hueco específico mostrándose bromistas, cooperadores y, especialmente, rebeldes", escribían los psicólogos belgas *Vassilis Saroglou* y *Laure Fiasse* en un artículo de 2003 de una publicación de *Personality and Individual Differences*.

El hijo pequeño

La personalidad de los hijos pequeños es marcadamente diferente del resto de personalidades de los hermanos más mayores.

Las investigaciones muestran que el más bebé de la familia tiende a ser más creativo, rebelde y a llamar más la atención. Tiene sentido, si se considera que la forma en que los padres educan a los hijos mayores y a los más pequeños suele ser diferente. A menudo, mamá y papá son más permisivos y tolerantes una vez que se encuentran cómodos en su papel de padres y ya han pasado, al menos una vez, por el proceso de educar a un hijo.

"Los hijos pequeños son manipuladores, sociales, extrovertidos, se venden muy bien... De niños se salen con la suya siempre y saben cómo ganarse el favor de la gente", aseguraba Leman.

Aunque el más pequeño tiende a comportamientos que llaman la atención, un estudio destacó que no hay relación entre ser el hijo menor y desarrollar comportamientos delincuentes o problemáticos.

El hijo mediano

El hijo del medio suele ser el pacificador de la familia, comentaba Leman, y normalmente desarrolla cualidades como simpatía y lealtad.

Un análisis de 2010 de la literatura sobre el orden de nacimiento descubrió también que es algo común que los hijos de en medio sean sociables, leales en sus relaciones y buenos para relacionarse tanto con personas mayores como más jóvenes.

Debido a que los medianos están atrapados entre dos frentes, tienden a ser grandes negociadores y habilidosos mediadores.

Fuente número 2

Introducción

Esta grabación trata sobre la relación entre hermanos y "La teoría del orden de los nacimientos". El reportaje original fue publicado el 1ro de septiembre de 2015 en la sección de Psicología, en *Clarín.com*, (Argentina). La grabación dura aproximadamente dos minutos.

Mayor, menor o del medio: qué tipo de hermana sos según tu nacimiento

1. ¿Cuál es el propósito del artículo de la primera fuente?

   ❑ a. describir cómo son los hermanos y los hijos únicos

   ❑ b. informar de las ventajas de tener hermanos con personalidades diferentes

   ❑ c. explicar cómo los hijos desarrollan su personalidad según el orden de nacimiento

   ❑ d. describir cómo la ciencia clasifica a los hijos

2. ¿Qué quiere decir "primogénito"?

   ❑ a. que es el primer hijo

   ❑ b. que no tiene hermanos o hermanas

   ❑ c. que es el hijo menor

   ❑ d. que es el hijo que recibe más atención

3. Según el artículo, ¿por qué la personalidad del hijo pequeño o menor es marcadamente diferente a la de los hermanos mayores?

   ❑ a. porque el hijo menor es más competitivo que los hermanos mayores

   ❑ b. porque los padres no le prestan mucha atención al hijo menor

   ❑ c. porque no se espera nada de él o ella

   ❑ d. porque los padres son más permisivos y tolerantes con el hijo menor

4. Según el artículo, ¿qué cualidad destaca al hijo del medio?

   ❑ a. saber complacer siempre a los padres

   ❑ b. saber relacionarse mejor con todo tipo de personas

   ❑ c. sentirse atrapado entre el hermano mayor y el menor

   ❑ d. no ser rebelde o problemático

5. ¿Qué quiere decir la frase "se vende mejor"?

   ❑ a. que es extrovertido

   ❑ b. que se considera mejor que los demás

   ❑ c. que se presenta a los demás de una manera hábil y persuasiva

   ❑ d. que sabe negociar

6. ¿Cuál es el propósito principal de la segunda fuente?

   ❑ a. describir cómo se formuló la "Teoría del orden de los nacimientos"

   ❑ b. señalar la importancia de estudiar psicología

   ❑ c. comentar sobre la utilidad de la "Teoría del orden de los nacimientos"

   ❑ d. analizar las dificultades entre padres e hijos

7. Según el audio, en la vida de una persona, ¿qué relación familiar dura más tiempo?

   ❑ a. la relación entre hermanos

   ❑ b. la relación entre padres e hijos

   ❑ c. la relación entre diferentes generaciones

   ❑ d. la relación entre hermanas

8. ¿Qué trata de contestar la "Teoría del orden de los nacimientos"?

   ❑ a. por qué algunos hermanos nacidos de los mismos padres y criados de diferente manera son totalmente diferentes

   ❑ b. por qué la relación entre hermanos es tan difícil para la mayoría

   ❑ c. por qué hermanos nacidos de los mismos padres y criados de la misma manera pueden ser totalmente diferentes

   ❑ d. por qué la relación entre los padres y los hijos puede ser tan diferente

9. Según la segunda fuente, ¿qué quiere decir que algo es "típico"?

   ❑ a. que no es característico

   ❑ b. que se parece

   ❑ c. que se relaciona

   ❑ d. que es representativo

10. ¿Qué tienen en común las dos fuentes?

   ❑ a. Ambas tratan sobre la importancia de la familia.

   ❑ b. Ambas se refieren al tema del orden de los nacimientos.

   ❑ c. Ambas definen la identidad de los hijos.

   ❑ d. Ambas describen las relaciones de los padres con sus hijos.

Instrucciones

Vas a escribir una respuesta a un mensaje electrónico. Tu respuesta debe incluir un saludo y una despedida, y debe responder a todas las preguntas y peticiones del mensaje. En tu respuesta, debes pedir más información sobre algo mencionado en el mensaje. Debes responder de una manera informal.

Correo electrónico

	X

De: Mauricia Martínez

Para:

Asunto: Creación de organización juvenil para apoyar a la familia

Querido(a) amigo(a):

Somos un grupo de jóvenes interesados en crear una organización juvenil que ayude a otros jóvenes a desarrollar cualidades para enfrentar los retos actuales y, a la vez, influir positivamente sus relaciones familiares. Nos ha dado mucha alegría saber que nuestra iniciativa está despertando tanto interés.

Estas son nuestras metas iniciales:

- Proveer un espacio sano para todos los jóvenes

- Promover la comunicación abierta entre jóvenes

- Ayudar a los jóvenes a desarrollar habilidades para comunicarse más efectivamente con sus padres y hermanos

En nuestra primera reunión discutiremos las metas que estamos proponiendo y cómo lograrlas. Pero antes, queremos pedir tu aportación anticipada con:

- Ideas adicionales de metas para nuestra organización juvenil para apoyar a la familia y cómo lograrlas

- Sugerencias de nombre para nuestra organización

¡Esperamos tu respuesta!

Recibe nuestro cordial saludo.

Mauricia Martínez
Comité Organizador

Respuesta

De:

Para: Mauricia Martínez

Asunto: Creación de organización juvenil para apoyar a la familia

ENVIAR

Instrucciones

Vas a participar en una conversación. Primero vas a leer la introducción y el esquema de la conversación. Después comenzará la conversación, siguiendo el esquema. Cada vez que te corresponda participar en la conversación, vas a decir o grabar tu respuesta. Participa de la manera más completa y apropiada posible.

Introducción

Imagina que al final del día escolar te encuentras con unos compañeros que están conversando sobre sus familias. Luisa, una compañera de clase, comienza una conversación contigo sobre el tema.

Las líneas en color indican lo que escucharás en la grabación. Las líneas en blanco son las acciones que tú debes realizar.

Luisa: Te saluda y te hace una pregunta.

Tú: Saluda a Luisa, responde a su pregunta y pídele su opinión.

Luisa: Responde a tu pregunta y te hace otra a ti.

Tú: Responde a su pregunta con información sobre tu familia.

Luisa: Continúa la conversación y te hace una pregunta.

Tú: Respóndele y dale tu opinión.

Luisa: Te hace una invitación.

Tú: Responde a la invitación y despídete de Luisa.

¿Cómo nos relacionamos?

Tema curricular: La vida contemporánea

+ Comunicación interpretativa: Lectura y audio

Instrucciones

Vas a leer un texto y escuchar una grabación. Antes de escuchar la grabación, debes leer la introducción a las preguntas. Puedes escuchar la grabación varias veces. Mientras escuchas, puedes tomar apuntes. Después de escuchar la grabación, puedes empezar a contestar las preguntas. Para cada pregunta, elige la mejor respuesta según la grabación y/o el texto.

Fuente número 1

Lee el texto.

Introducción

Este texto trata sobre la situación de las mujeres en el mercado laboral argentino. El reportaje original fue publicado el 16 de mayo de 2018 en la sección "Actualidad", de *Revista Cabal* (Argentina).

Las mujeres en el mercado laboral: avances y retrocesos

En las últimas décadas se han registrado profundas transformaciones en la realidad laboral de las mujeres, que cada vez son más en el mercado de trabajo. Por un lado, su presencia ha aumentado en el total de trabajadores ocupados, por otro, asumen roles y cargos claves y eso, en muchos casos, les permite asumir la manutención de sus propios hogares. Hay sin embargo, múltiples razones que aún impiden hablar de igualdad de condiciones con los hombres.

Según un informe de la ONU, el trabajo es el lugar donde más se discrimina a la mujer. Ellas sufren más desocupación y además ocupan, a nivel mundial, sólo el 16% de los puestos jerárquicos (como la dirección ejecutiva en las grandes empresas del mundo, por ejemplo). Si se tiene en cuenta el escenario del mercado laboral a nivel planetario, las estadísticas indican que las mujeres ganan, además, un 30% menos que sus colegas varones (por asumir una responsabilidad equivalente). Otro dato curioso, y muy representativo del problema: sólo el 12% de los miembros de la Organización de las Naciones Unidas (ONU) es gobernado por mujeres.

"Ese es el peso real que tenemos las mujeres en los ámbitos de poder, a pesar de que somos la mitad de la población mundial y constituimos la mitad de la fuerza de trabajo", sostiene Marilén Stengel, autora de *De la cocina a la oficina* (Capital Intelectual), un libro que precisamente aborda estas cuestiones. "La incomodidad esencial tiene que ver con que existe una imperiosa necesidad de cambio en la manera en que se trabaja hoy en día. Así como, desde la sociedad civil, las mujeres estamos pidiendo mayor participación política, económica y en la toma de decisiones, también estamos reclamando que en los ámbitos laborales que integremos se consideren nuestra perspectiva y nuestros derechos y necesidades."

Entre las desventajas que padecen, las mujeres suelen gozar de sueldos inferiores (está dicho, a igual responsabilidad), ser discriminadas por ser madres a la hora de ascender o tolerar los prejuicios de quienes desconfían de sus competencias profesionales, por su condición femenina. Mientras que, a favor de su situación, cabe decir que en los dos últimos siglos se han logrado en materia de derechos más que lo que probablemente se ganó en cualquier otro período de la historia.

"Me parece que hemos hecho una buena tarea a pesar de los costos pagados y de las tensiones que seguimos experimentando, y queremos seguir ganando visibilidad, dinero, respeto, autorrealización en las décadas que siguen", plantea Stengel.

En la Argentina, el escenario todavía está lejos de ser equitativo: la inserción de las mujeres no se produce en un marco de igualdad y las remuneraciones siguen siendo inferiores a las de sus colegas varones. Esas desventajas muchas veces dificultan su acceso y permanencia en los puestos, y si a eso se suma que la mayoría de ellas a su vez está a cargo de un hogar y del cuidado de los hijos, queda claro por qué la situación es doblemente desventajosa: no sólo implica esfuerzos para compatibilizar la familia y el trabajo sino que además las deja en una situación precaria a nivel económico y profesional.

Hugo Ñopo, experto en educación del Banco Interamericano de Desarrollo, confirma que "las mujeres se hacen cargo del 80% del trabajo doméstico. Con estas diferencias de responsabilidades al interior de los hogares, las mujeres salen a los mercados de trabajo en condiciones desiguales frente a los hombres. Esto luego se traduce en menores posibilidades de ascenso y peores salarios".

La brecha laboral entre los salarios que perciben mujeres y varones argentinos es grande: de acuerdo con los datos del INDEC, en Argentina los varones ganan en promedio 36% más que las mujeres.

En términos de formación, las mujeres argentinas presentan, además, un mayor grado de escolaridad -son mayoría en las escuelas y universidades-, lo que en el largo plazo supone que seguirán ocupando espacios de poder y mejorando sus condiciones laborales. Pero todavía sienten incomodidad, y seguramente esta situación tardará algunos años en revertirse si, con suerte, se revierte.

"Hay un camino recorrido, y también algunas batallas que las más jóvenes ya no tienen que dar", plantea Stengel, en el final de su libro. "Sin embargo, mandar, conducir equipos, tomar decisiones, acceder a ciertos puestos, y liderar el propio negocio todavía siguen teniendo una impronta masculina. Muchas de nosotras estamos inventando, intentando crear un modelo distinto, alternativo al que vemos hoy en las empresas."

Las mujeres deberán seguir motorizando el cambio, no en contra de los hombres, sino junto a ellos. Para que el futuro sea más satisfactorio e igualitario para ambas partes: un mundo más pacífico, más justo e igualitario, también en el plano del trabajo.

Fuente número 2

Introducción

Esta grabación trata sobre un estudio realizado por el Centro de Investigación CIELO, de la Universidad Santo Tomás, sobre la incursión de la mujer en la minería de Chile. El reportaje original, del programa "Conexión empresarial", transmitido por *Diario UChile de* Radio Universidad de Chile (Chile), fue grabado el 2 de mayo de 2018. La grabación dura aproximadamente tres minutos.

··

Vida contemporánea

1. ¿Cuál es el propósito del artículo de la primera fuente?

   ❑ a. presentar el crecimiento en el campo laboral de la mujer en Argentina
   ❑ b. informar sobre los avances y las desventajas laborales de la mujer en Argentina
   ❑ c. explicar por qué la mujer ha retrocedido en el campo laboral en Argentina
   ❑ d. describir la desigualdad laboral de la mujer en Argentina

2. ¿Qué significa "la manutención de sus propios hogares"?

   ❑ a. hacer las tareas del hogar
   ❑ b. contribuir a la estabilidad del hogar
   ❑ c. llevar la carga económica del hogar
   ❑ d. participar en las decisiones del hogar

3. ¿Qué desventaja adicional tienen las trabajadoras que son casadas?

   ❑ a. Tienen mayor escolaridad pero no gozan de igualdad laboral.
   ❑ b. No pueden reclamar sus derechos fuera del hogar.
   ❑ c. Tienen que tolerar los prejuicios de los que desconfían de su capacidad profesional por su género.
   ❑ d. Son responsables del 80% del trabajo doméstico y del cuidado de los hijos.

4. ¿Qué ha logrado alcanzar la mujer en el campo laboral en Argentina?

   ❑ a. una menor desocupación
   ❑ b. una mayor participación en el mercado de trabajo
   ❑ c. ocupar gran parte de los puestos jerárquicos
   ❑ d. que se consideren más sus necesidades

5. Se puede inferir que un retroceso para la mujer trabajadora es

   ❑ a. que debe realizar su trabajo en el hogar además del trabajo fuera del hogar.
   ❑ b. que no puede asumir cargos claves.
   ❑ c. que sufre más desocupación.
   ❑ d. que ahora gana menos que sus compañeros varones.

6. ¿Cuál es el propósito de la segunda fuente?

   ❑ a. informar sobre el trabajo en las minas chilenas
   ❑ b. describir cómo las mujeres manejan los equipos en las minas chilenas
   ❑ c. informar sobre el resultado de una investigación acerca de la gestión de la mujer en ciertos empleos, que incluyen la minería
   ❑ d. discutir los mitos que prohibían el trabajo de las mujeres en ciertos sectores, en particular, la minería

7. ¿A qué se refiere la entrevistada cuando habla de "un modelo de gestión para el cambio"?

   ❑ a. a un modelo empresarial para manejar el cambio en el rol de la mujer en el trabajo
   ❑ b. a un modelo empresarial que permita a las mujeres trabajar en la minería
   ❑ c. a un modelo empresarial que cambie los mitos a una realidad
   ❑ d. a un modelo empresarial que evite las incomodidades del cambio

8. Según el conductor de la entrevista, ¿qué hace que el hombre y la mujer sean un complemento?

   ❑ a. sus distintas tareas
   ❑ b. sus distintas habilidades
   ❑ c. la incorporación de la tecnología
   ❑ d. la conciliación entre el hombre y la mujer

9. ¿Qué implicaban los mitos sobre la mina y el mar?

   ❑ a. que la mina y el mar rechazan a las personas
   ❑ b. que la mina y el mar se enojan con facilidad
   ❑ c. que la mina y el mar son lugares peligrosos
   ❑ d. que la mina y el mar no son lugares para que una mujer trabaje

10. ¿Qué tienen en común las dos fuentes?

   ❑ a. Describen cómo las mujeres pueden triunfar en el campo laboral.
   ❑ b. Explican por qué las mujeres son discriminadas.
   ❑ c. Describen la necesidad de un cambio en el modelo de trabajo en las empresas.
   ❑ d. Discute las ventajas del trabajo fuera del hogar.

Instrucciones

Vas a escribir una respuesta a un mensaje electrónico. Tu respuesta debe incluir un saludo y una despedida, y debe responder a todas las preguntas y peticiones del mensaje. En tu respuesta, debes pedir más información sobre algo mencionado en el mensaje. Debes responder de una manera formal.

· ·

Correo electrónico

X

De: Luis Ramírez

Para:

Asunto: Encuesta sobre educación mixta y educación diferenciada

Estimados alumnos:

¡Saludos! Nuestro distrito escolar está llevando a cabo una encuesta sobre la educación mixta (chicos y chicas) y la educación diferenciada (separada por género) y necesitamos conocer la opinión de nuestros alumnos sobre este tema tan importante. Sus respuestas serán tratadas de forma confidencial. Por favor, sigan las instrucciones que aparecen a continuación.

Instrucciones para completar esta encuesta: Primero lean los argumentos a favor de la educación mixta y de la educación diferenciada. Después respondan con su opinión a favor o en contra de cada argumento.

A favor de la educación diferenciada

1. El ritmo cognitivo y de maduración de los chicos es más lento que el de las chicas.

2. Los alumnos o alumnas alcanzan un nivel académico mayor, pues se le da más énfasis al alto rendimiento y no a la socialización.

3. Los alumnos no compiten o son comparados con el otro género, y por lo tanto hay menor abandono escolar.

4. Los alumnos o alumnas tienen menos distracciones y tensiones en el salón de clases, y actúan con mayor naturalidad.

5. Los intereses y las emociones de los chicos y las chicas son diferentes.

A favor de la educación mixta

1. Ayuda a crear personas más tolerantes.

2. El ambiente en el salón de clase refleja la realidad del mundo donde vivimos.

3. El género no influye en el tipo de educación. Lo importante es la persona como individuo.

4. La educación mixta ayuda a superar las diferencias por género y a crear una sociedad igualitaria.

5. El fracaso escolar se valora por múltiples factores (los profesores, los compañeros de clase, la familia y el contexto social) y no por el género del alumno.

Atentamente,

Luis Ramírez
Supervisor Escolar

ENVIAR

Respuesta

De:

Para: Luis Ramírez

Asunto: Encuesta sobre educación mixta y educación diferenciada

ENVIAR

Instrucciones

Vas a dar una presentación oral de tres minutos a tu clase sobre un tema cultural. En tu exposición, compara tu propia comunidad con una región del mundo hispanohablante que te sea familiar. Debes demostrar tu comprensión de aspectos culturales en el mundo hispanohablante y organizar tu presentación de una manera adecuada para los tres minutos.

Tema de la presentación:

¿Cuáles son algunos desafíos a los que se enfrentan las mujeres de tu comunidad en el campo laboral?

■ Compara tus observaciones acerca de las comunidades en las que hayas vivido con tus observaciones de una región del mundo hispanohablante que te sea familiar.
En tu presentación puedes referirte a lo que has estudiado, vivido, observado, etc.

Nuestros sentimientos y emociones
Tema curricular: La vida contemporánea

Instrucciones

Vas a leer un texto. El texto va acompañado de varias preguntas. Para cada pregunta, elige la mejor respuesta según el texto.

Introducción

Este texto trata sobre los sentimientos en las mujeres y los hombres. El artículo original fue publicado el 30 de septiembre de 2017 en la sección de "Psicología" de *El País* (España).

Ellas enamoradizas y ellos inaccesibles ¿o es al revés?

Teresa Morales García

Tal vez cuando la cantante Soledad Giménez publicó su disco *Los hombres sensibles* llevaba la intención de defender lo que popularmente parecía indefendible. Que los hombres sienten, padecen, y no son emocionalmente tan fríos ni desapegados como la cultura popular nos ha hecho creer durante siglos. En la tercera pista del disco, Dani Martín lo deja claro: "Que yo ya lo dije, que me siento sensible y que detrás de esta careta hay mucho más. Que me siento sensible, que los valientes se atreven a llorar".

Y no solo a llorar, sino a enamorarse perdidamente. Porque sí, señores, en cuestiones afectivas, no hay nada que nos distinga. "Según mi experiencia y de acuerdo con la literatura científica, los hombres tienen los mismos sentimientos, emociones y sensibilidad que las mujeres. De hecho, ellos presentan las mismas estructuras cerebrales y los mismos circuitos".

"Lo que sí puede ser diferente es la expresión de esos sentimientos y emociones", afirma la psiquiatra italiana, Donatella Marazziti, profesora de la Universidad de Pisa y directora científica de la fundación *Brain Research Foundation* de Luca (Italia). «No existe diferencia entre los hombres y las mujeres en lo que respecta a la capacidad de enamorarse. En cada civilización y cultura se enamoran con la misma facilidad e intensidad, aunque es cierto que el sexo femenino es algo más refinado que el masculino (y ya sabemos lo importante que son los estímulos sensoriales para desencadenar la atracción)», menciona la experta en su libro *La natural dell'amore* (*La naturaleza del amor*, Ed. Bur).

Enamoradizos y lo que haga falta

"Los hombres creen en el amor, buscan el amor, y desean ser amados y amar. Esto es particularmente más evidente en las nuevas generaciones, quienes no sienten tanto pudor a la hora de expresar abiertamente sus sentimientos. ¡Quizás sus madres les han ido educando en el camino correcto!", exclama con firmeza la profesora Marazziti.

Pues bien, veamos algún dato que lo corrobore. El portal de encuentro *Match.com* publicó una encuesta realizada entre 5.000 solteros de Estados Unidos para saber cómo enfrentaban las relaciones, ligues, rollos, amor o llamémosle equis. Y algunos de los resultados fueron que: A. Los hombres se enamoraban más a menudo que las mujeres y eran más propensos a sentir eso que llamamos amor a primera vista. Y B: cuando entraban en la treintena, el 58% de los hombres que decían haber estado enamorados y creían en el amor a primera vista, realmente lo habían sentido, mientras que las mujeres que respondían afirmativamente a lo mismo se reducían al 51%.

Expresarlo de alguna forma

Sin embargo, sí es cierto que hay algunas diferencias. Tal vez no en la base, pero sí en la forma. "La configuración cerebral de hombres y mujeres no es exactamente igual. En las mujeres, los núcleos encargados de la gestión de emociones están ligados a la parte del habla y, en los hombres, a la corteza motora. Esto, traducido a conducta, significaría que las mujeres tendrían mayor facilidad para expresar las emociones a través del habla, y los hombres a través de la acción.

Por ejemplo, es más habitual que las mujeres resuelvan su malestar emocional hablando (llamando a las amigas, y a veces hablando demasiado con la pareja), y los hombres lo hagan yéndose a hacer ejercicio, a pasear al perro o tecleando los botones del mando del televisor. Esta manera de expresar el estado emocional hace que se interprete erróneamente que las mujeres sean más emocionales, y los hombres más fríos,

pues es así como, a simple vista, se percibe", afirma la doctora Mila Cahue. Sin embargo, tenga clara una cosa: "Que la gestión de las emociones se haga de manera diferente no quiere decir que a unos afecte más y a otros, menos. Simplemente, resuelven de maneras distintas emociones que ambos, indefectiblemente, están sintiendo", responde a psicóloga.

La excepción marca la diferencia

Pero bien, decíamos que es cierto que, aunque sientan y padezcan, les cuesta horrores expresarse. ¿Por qué esta reticencia? "Es una idea influenciada por la educación, la cultura, la sociedad. Es absolutamente cierto que los hombres son reacios a hablar de sus sentimientos que, por otra parte y al contrario que ellos, es precisamente el tema principal de las conversaciones entre mujeres", explica Marazziti. Esto, como afina la psiquiatra de la Universidad de Pisa, es mucho más evidente en las generaciones mayores "para quienes era una obligación el que los hombres fueran fuertes, viriles y no expresaran sus sentimientos".

1. ¿Cuál es el propósito del artículo?
   - ❏ a. demostrar que las mujeres son más expresivas que los hombres
   - ❏ b. describir cómo la configuración cerebral de los hombres y las mujeres procesa las emociones
   - ❏ c. presentar los resultados de estudios sobre la forma en que hombres y mujeres expresan sus sentimientos
   - ❏ d. describir por qué los hombres son sensibles y se enamoran más a menudo

2. ¿Qué trata de demostrar la cantante Soledad Giménez con su disco *Los hombres sensibles*?
   - ❏ a. que los hombres no son fríos ni desapegados
   - ❏ b. que los hombres y las mujeres son sensibles
   - ❏ c. que los hombres también lloran
   - ❏ d. que los hombres se esconden detrás de una careta

3. Según el artículo, ¿cómo son los hombres de las nuevas generaciones?
   - ❏ a. Son más educados que las generaciones anteriores.
   - ❏ b. Tienen más capacidad para enamorarse.
   - ❏ c. Siempre se enamoran a primera vista.
   - ❏ d. Son más abiertos al expresar sus sentimientos.

4. ¿Qué significa la frase "al revés"?
   - ❏ a. que no es igual
   - ❏ b. que se parece
   - ❏ c que es distinto
   - ❏ d. que es lo contrario

5. ¿Qué mide la encuesta que publicó *Match.com*?
   - ❏ a. el por qué los hombres se enamoran con más frecuencia
   - ❏ b. cómo los solteros se enfrentan a las relaciones amorosas
   - ❏ c. cómo los solteros se relacionan con otros solteros
   - ❏ d. el por qué las mujeres se enamoran menos a primera vista

6. Según la doctora Mila Cahue, ¿por qué se interpreta erróneamente el estado emocional del hombre y de la mujer?
   - ❏ a. porque a los hombres no les gusta hablar
   - ❏ b. porque las mujeres llaman a sus amigas y no a su pareja
   - ❏ c. porque resuelven de forma diferente sus emociones
   - ❏ d. porque los hombres no saben cómo expresar sus emociones

7. ¿Qué quiere decir la frase "aunque sientan y padezcan"?
   - ❏ a. que son capaces de sentir y sufrir
   - ❏ b. que sienten más el dolor
   - ❏ c. que tienen miedo
   - ❏ d. que no pueden reconocer sus sentimientos

8. ¿Qué significa la palabra "reacios"?
   - ❏ a. que son fuertes
   - ❏ b. que se resisten
   - ❏ c. que son incapaces
   - ❏ d. que desconocen

Instrucciones

Vas a escribir un ensayo persuasivo. El tema del ensayo se basa en las tres fuentes adjuntas, que presentan diferentes puntos de vista sobre el tema e incluyen material escrito y grabado. Primero lee el tema del ensayo y los textos. Después escucha la grabación. Puedes escuchar la grabación más de una vez, si es necesario. Por último, prepara y escribe tu ensayo.

En tu ensayo, debes presentar los diferentes puntos de vista de las fuentes sobre el tema. Luego debes expresar tu punto de vista personal y apoyarlo. Es importante que uses información de todas las fuentes para apoyar tu punto de vista. Identifica las fuentes y organiza el ensayo en 4-5 párrafos bien desarrollados.

Tema del ensayo: ¿Cómo afecta la tecnología la forma en que socializamos en las diferentes etapas de la vida?

Fuente número 1

Introducción

Este artículo trata sobre las desventajas de sustituir la comunicación directa o en persona con contactos virtuales. El reportaje original fue publicado el 22 de marzo de 2018 en la sección "Tecnología", de *El País* (España).

....

Comunicación en las redes sociales: tan cerca y tan lejos
No se puede sustituir la comunicación directa, con el lenguaje verbal y extraverbal que ello implica, por contactos virtuales, que están plagados de malentendidos

Enrique Echeburúa, Catedrático de la Universidad del País Vasco (UPV/EHU) y Académico de Jakiunde

Comunicarse con otras personas es una necesidad fundamental para los seres humanos. No hay nada más triste que una persona que no tenga a nadie a quien recurrir para intercambiar unas palabras y expresar sus afectos. La relación social tiene una función biológica. Desde una perspectiva evolutiva, el contacto con los demás nos ha facilitado la búsqueda de comida y la protección de los depredadores. De hecho, los vínculos sociales influyen en la alegría de vivir y hasta en la resistencia a las enfermedades crónicas.

Al margen de que la soledad elegida puede tener transitoriamente efectos beneficiosos, la soledad impuesta resulta generadora de infelicidad. Cuando una persona se siente sola, puede concentrarse más en su dolor (físico o emocional), mostrarse más incapaz de reconstruir la relación con el mundo exterior y tender a autocompadecerse. Hay personas que no tienen a nadie con quien poder hablar o compartir sus pensamientos o sentimientos. A veces estas acuden con frecuencia al médico: necesitan no que las sanen, sino que las escuchen.

Las redes sociales constituyen un instrumento que, utilizado adecuadamente, puede favorecer la socialización y contribuir a estrechar los lazos de pertenencia a un grupo. Sin embargo, *conectarse* no es, en modo alguno, equivalente a *comunicarse*.

La identidad personal de un adolescente no puede entenderse sin las relaciones de amistad. Por medio de *Twitter*, *Facebook* o *Instagram* los jóvenes pueden aumentar su lista de *amigos* y adquirir popularidad y reconocimiento, a costa a veces de compartir información comprometida de índole personal.

No se puede sustituir la comunicación directa, con el lenguaje verbal y extraverbal que ello implica, por contactos virtuales, que están plagados de malentendidos. Ambos tipos de comunicación pueden ser complementarios, pero no sustituibles. Las caricias, las sonrisas, los gestos, el tono de voz o los abrazos no pueden ser reemplazados por los *emojis*, los *selfies* o los mensajes de texto. Las emociones complejas se perciben a través de las microexpresiones faciales. La sensación de mirar directamente a los ojos no la igualará nunca un mensaje de 280 caracteres.

En cualquier caso, la amistad virtual no es igual que la amistad real. Hay incluso una perversión del lenguaje en las redes sociales. Los *amigos* agregados de *Facebook* o los *seguidores* de *Twitter* no son sino meros contactos. Estas redes pueden facilitar en sus usuarios actitudes exhibicionistas, como ocurre en el muro de *Facebook* cuando se utiliza como escaparate para compartir detalles íntimos, o narcisistas, como cuando se hace alarde del número de seguidores o de *likes* en *Twitter*, de los mensajes retuiteados o de las frases convertidas en *trending topic*. Es más, se pueden crear perfiles falsos en *Facebook* o *Twitter*, en donde se puede engañar sobre la edad, la formación académica, la profesión y hasta el tipo de personalidad, o en *Instagram*, en donde se pueden retocar las fotos colgadas. Todo ello contribuye a la creación de identidades ficticias y a vivir literalmente en una realidad virtual.

Se trata de relaciones *débiles* que tan fácilmente se crean como se eliminan porque no reconocen los matices en la comunicación cara a cara. Una persona puede tener muchos amigos en *Facebook* y, sin embargo, nadie con quien conversar en la vida real o compartir el fin de semana. Por ello, la sobreexposición a las redes ha trastocado las formas de ocio y hasta los modos de relación.

Una persona puede sentirse sola en medio de un aluvión de emoticonos, *selfies* y mensajes. Si se sacrifica la conversación por la conexión, se tergiversa el núcleo de la comunicación humana, como cuando se abandona a una pareja diciéndoselo por un *WhatsApp*.

Como ocurre en tantas otras actividades, la tecnología en sí no es buena ni mala, sino depende del uso que se haga de ella. Las redes sociales, bien utilizadas, constituyen una herramienta formidable de comunicación, siempre que nos acerquen a quienes tenemos lejos (ahí están las posibilidades enormes de *Skype* o *Facetime*) y no nos alejen de quienes se encuentran cerca.

En algunos sectores se empieza ya a constatar una cierta fatiga de las redes sociales, sobre todo cuando se convierten en un vehículo de noticias falsas que se hacen virales, en un vertedero de odio o insultos o en una intromisión en la intimidad ajena. Curiosamente las personas son más dadas a compartir con desconocidos la indignación que la alegría. Sin duda la inmediatez de la respuesta y el amparo en el anonimato facilitan esta conducta.

Fuente número 2

Introducción

Este gráfico se basa en la percepción de las citas por Internet en Estados Unidos. El artículo "Lo bueno y lo malo de buscar al amor de tu vida por Internet", por Carlos Peña, fue publicado el 21 de octubre de 2013 en Paréntesis.com (México).

El *Pew Research Center* se ha centrado en este tema, desde hace ocho años, realizando encuestas. Entre los resultados han encontrado que uno de cada 10 norteamericanos ha utilizado algún sitio de Internet o aplicación para buscar pareja; 38% de estas personas se describen a sí mismas como "solteras y en busca de una relación".

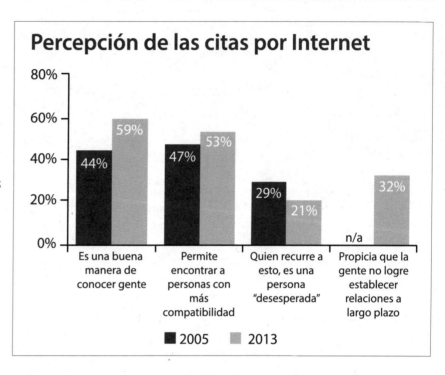

Percepción de las citas por Internet

	Es una buena manera de conocer gente	Permite encontrar a personas con más compatibilidad	Quien recurre a esto, es una persona "desesperada"	Propicia que la gente no logre establecer relaciones a largo plazo
2005	44%	47%	29%	n/a
2013	59%	53%	21%	32%

■ 2005 ■ 2013

Fuente número 3

Introducción

Esta grabación trata sobre cómo las redes sociales están afectando la identidad de los niños. El artículo original fue publicado el 22 de septiembre de 2018 por la Agencia EFE, edición USA. La grabación dura aproximadamente tres minutos.

Las redes sociales fuerzan a los niños a crearse una identidad desde pequeños

Tema del ensayo:

¿Cómo afecta la tecnología la forma en que socializamos en las diferentes etapas de la vida?

Instrucciones

Vas a participar en una conversación. Primero vas a leer la introducción y el esquema de la conversación. Después comenzará la conversación, siguiendo el esquema. Cada vez que te corresponda participar en la conversación, vas a decir o grabar tu respuesta. Participa de la manera más completa y apropiada posible.

Introducción

Imagina que tienes una conversación con Emilio, tu mejor amigo, en la que te comenta sobre un artículo que acaba de leer sobre la inteligencia emocional.

Las líneas en color indican lo que escucharás en la grabación. Las líneas en blanco son las acciones que tú debes realizar.

Emilio: Te saluda y te hace una pregunta

Tú: Salúdalo y dale una respuesta.

Emilio: Te da más detalles y te hace una pregunta.

Tú: Respóndele afirmativamente y explícale por qué.

Emilio: Hace un comentario y pide tu opinión.

Tú: Reacciona a su comentario con tu opinión.

Emilio: Se despide y hace un comentario.

Tú: Respóndele y despídete.

La geografía humana y la emigración

Tema curricular: Las familias y las comunidades

Comunicación interpretativa: Lectura

Instrucciones

Vas a leer un texto. El texto va acompañado de varias preguntas. Para cada pregunta, elige la mejor respuesta según el texto.

Introducción

Este texto trata sobre la emigración puertorriqueña a Estados Unidos. El artículo original fue publicado el 20 de junio de 2018 en EFE (Estados Unidos).

Récord migratorio de puertorriqueños a EE.UU. en 2016 con 67,000 personas

Un total de 67,000 puertorriqueños emigraron en términos netos, diferencia entre los que salieron y regresaron, a Estados Unidos durante el año 2016, récord histórico que confirma la tendencia demográfica de los últimos años de abandono de la isla a causa de la situación económica.

El Instituto de Estadísticas de Puerto Rico informó hoy a través de un comunicado de que un total de 89,000 puertorriqueños emigraron a Estados Unidos durante 2016, aunque en términos netos la cifra, descontados los que llegaron, se situó en 67,000 personas.

El comunicado destaca que así lo reveló el Perfil del Migrante 2016, que fue divulgado hoy, y que presenta una mirada al movimiento migratorio de Puerto Rico en el año calendario 2016 utilizando la Encuesta sobre la Comunidad del Censo de Estados Unidos.

Otras fuentes utilizadas fueron los datos de movimiento neto de pasajeros aéreos del Departamento de Transporte de la Oficina de Estadísticas de Transporte de los Estados Unidos (BTS) y de la Autoridad de Puertos de Puerto Rico.

El estudio subraya que para el 2016 (antes de considerar el impacto de los huracanes del 2017), la actual ola migratoria no daba indicios de disminuir.

En el periodo de 12 años entre 2005 y 2016, en términos netos, 524,000 personas emigraron a Estados Unidos desde Puerto Rico.

Los diez estados con mayor balance neto migratorio en relación con Puerto Rico fueron Florida, Texas, Nueva York, Pensilvania, Ohio, Connecticut, Georgia, Nueva Jersey, Virginia y Kentucky.

Entre el 2015 y 2016, el perfil de la población que migró entre Puerto Rico y Estados Unidos cambió ligeramente.

La diferencia de la mediana de edad entre la población emigrante e inmigrante de Puerto Rico fue mínima, cercana a 0.4 años, siendo los emigrantes más jóvenes con una mediana de edad de 29.5 años y los inmigrantes con 29.9 años.

El porcentaje de la población emigrante con alguna educación superior mostró un incremento de 4 puntos porcentuales de 53% a 57%.

El porcentaje de los emigrantes que se encuentran fuera de la fuerza laboral -luego de migrar- disminuyó en 3 puntos porcentuales entre el 2015 (41%)

y el 2016 (38%), y en los inmigrantes aumentó 8 puntos porcentuales de 50% a 58%.

La mediana de ingresos de los emigrantes e inmigrantes entre Puerto Rico y Estados Unidos aumentó en un 13 y 7 por ciento, respectivamente, entre 2015 y 2016.

En el año 2016, el 46% de los inmigrantes y el 38% de los emigrantes vivían en pobreza.

El grupo ocupacional de mayor frecuencia en emigrantes fue el de gerencia y profesional, seguido de ocupaciones de ventas y oficinas. Entre las características examinadas al 2016, un notable 57% de los emigrantes de 25 años o más contaba con alguna escolaridad mayor a escuela superior.

1. ¿Cuál es el propósito principal del artículo?

   ❑ a. describir los movimientos migratorios en Puerto Rico

   ❑ b. explicar la inmigración puertorriqueña

   ❑ c. analizar la situación económica de los puertorriqueños

   ❑ d. informar de los resultados de un estudio sobre la emigración puertorriqueña

2. ¿Qué tomó en cuenta el Perfil del Migrante 2016 para el cálculo neto de emigrantes?

   ❑ a. a los puertorriqueños que emigraron y a los que regresaron a la isla

   ❑ b. a los puertorriqueños que emigraron en 2018

   ❑ c. a los pasajeros puertorriqueños que viajaron a Estados Unidos

   ❑ d. los huracanes del 2017

3. ¿Qué quiere decir *términos* en la frase "en términos netos"? (párrafo 1)

   ❑ a. aproximaciones

   ❑ b. palabras

   ❑ c. números

   ❑ d. contratos

4. ¿Qué fuentes se utilizaron en el informe?

   ❑ a. fuentes del Departamento de Educación de Puerto Rico

   ❑ b. fuentes de varias agencias de Puerto Rico y de Estados Unidos

   ❑ c. fuentes del Instituto de Estadísticas de Florida

   ❑ d. fuentes de la corte de inmigración

5. ¿Cuál es una conclusión del estudio sobre la migración en 2016?

   ❑ a. que la emigración no da indicios de disminuir

   ❑ b. que aumentó el número de pasajeros por barco

   ❑ c. que hay diez estados a donde emigran todos los puertorriqueños

   ❑ d. que el perfil de los emigrantes no ha cambiado

6. Según el artículo, los emigrantes han aumentado su

   ❑ a. deseo de vivir lejos.

   ❑ b. número de ocupaciones.

   ❑ c. construcción a prueba de huracanes.

   ❑ d. nivel de escolaridad.

7. ¿Cuál es la diferencia de la mediana de edad entre la población emigrante e inmigrante?

   ❑ a. 29.5 años

   ❑ b. 0.4 años

   ❑ c. 29.9 años

   ❑ d. 29.5 y 29.9 años

8. ¿Qué otra palabra significa "divulgado"?

   ❑ a. promovido

   ❑ b. dañado

   ❑ c. publicado

   ❑ d. descubierto

9. ¿En qué se basó el estudio del Perfil del Migrante 2016?

   ❑ a. en un periodo de 12 años

   ❑ b. en el año calendario 2018

   ❑ c. en los años 2015 y 2016

   ❑ d. en los años 2016 y 2017

10. ¿Qué técnica usa el artículo para comunicarse?

   ❑ a. Incluye las opiniones de varios expertos.

   ❑ b. Cita experiencias narradas por emigrantes e inmigrantes.

   ❑ c. Apoya la información con datos y estadísticas.

   ❑ d. Narra la emigración puertorriqueña de los últimos doce años.

Instrucciones

Vas a escribir un ensayo persuasivo. El tema del ensayo se basa en las tres fuentes adjuntas, que presentan diferentes puntos de vista sobre el tema e incluyen material escrito y grabado. Primero lee el tema del ensayo y los textos. Después escucha la grabación. Puedes escuchar la grabación más de una vez, si es necesario. Por último, prepara y escribe tu ensayo.

En tu ensayo, debes presentar los diferentes puntos de vista de las fuentes sobre el tema. Luego debes expresar tu punto de vista personal y apoyarlo. Es importante que uses información de todas las fuentes para apoyar tu punto de vista. Identifica las fuentes y organiza el ensayo en 4-5 párrafos bien desarrollados.

Tema del ensayo: ¿Es esencial el idioma español para la supervivencia de la comunidad hispanohablante en Estados Unidos?

Fuente número 1

Introducción

Este artículo trata sobre la condición en la que se encuentra el idioma español de la comunidad hispanohablante y sus descendientes en Estados Unidos. El reportaje original fue publicado el 3 de diciembre de 2017 en la sección "Cultura", de *El País* (España).

....

El español pierde fuerza como seña de identidad latina en EE. UU.

Diversos expertos en el Instituto Cervantes analizan la salud del idioma en los medios estadounidenses

Jesús Ruiz Mantilla

En Estados Unidos, no es crucial el idioma para conformar la creciente identidad latina del siglo XXI. No por el hecho de hablar inglés los hispanos y sus descendientes dejan de sentirse como tales. Se impone el bilingüismo, pero el dominio del español se convierte más en una razón práctica que de orgullo de pertenencia, es lo que señalan diversos expertos reunidos esta semana en la sede madrileña del Instituto Cervantes. Lo han hecho en torno a un asunto de relieve: medios de comunicación y cultura en español, con jornadas dedicadas al estado de salud en EE. UU.

Así lo cree Frances Negrón-Muntaner, escritora puertorriqueña, cineasta y experta en etnicidad y raza de la Universidad de Columbia. "Los latinos lo son sin tener que hablar español", asegura. "Ese aspecto no define, hoy por hoy, al grupo y el 71% de los mismos asegura que no es un aspecto crucial en su identidad", comenta.

Emili Prados, catedrático de la Universidad Autónoma de Barcelona, opina lo mismo: "Lo valoran como una herramienta que les hace competentes, más que como orgullo de pertenencia a una comunidad".

En ese declive con signos, ha tenido que ver la historia y el escaso margen de poder en esferas políticas, económicas y mediáticas que aún lastra a la comunidad hispana. Todavía hoy la desproporción en el área política preocupa. Jorge Ramos, presentador de informativos de Univisión, lo pone de manifiesto: "Para una población de 55 millones [el 18% del país] hay cuatro senadores y 30 congresistas", cuenta. La buena noticia es que en estas últimas elecciones, más candidatos hispanos anduvieron en liza: "Suficiente para soñar alguna vez con un latino en la Casa Blanca", comenta Marco Rubio.

Si se da el caso, habrá sido un largo camino. Durante décadas, el español fue castigado en las aulas de los colegios. En la sociedad se imponía el *English Only* como mantra -un alineamiento surgido, curiosamente, en Miami a causa de la fuerza latina emergente en dicho ámbito- y se desprestigiaba el uso de un idioma, para los anglos, inferior.

"Actualmente, solo tres periódicos con más de 50,000 lectores -*La Opinión* (Los Ángeles), *El Nuevo Herald* (Miami)

y *El Tiempo Latino* (Washington)- congregan a un público hispano", afirma María Luisa Azpiazu, que fue corresponsal de la agencia Efe en EE. UU. durante 25 años. Escaso margen de influencia por escrito.

"La voz de la normalidad hispana en Estados Unidos no existe", asegura Alberto Avendaño, antiguo director de *El tiempo latino*, medio asociado a *The Washington Post*. "La cobertura de esa realidad es patética y aleja a la audiencia de las nuevas generaciones de jóvenes hispanos". En esa línea se pronuncia Alberto Vourvoulias-Bush, profesor del Programa de Periodismo en Español de la Universidad de la Ciudad de Nueva York (CUNY): "Existen grandes desiertos en la cobertura de temas hispanos".

Otra cosa es la televisión, aunque redunde en los estereotipos y caiga presa de una realidad: la nueva audiencia latina prefiere los contenidos anglos. La cadena de integración tiene sus consecuencias. Los inmigrantes recién llegados echaban mano de los medios en español al desconocer el idioma. Las generaciones nacidas allí, toman ya los contenidos en inglés como norma y tienden a salir de la especie de gueto que perciben en los medios latinos.

Los temas que abordan tienen que ver mucho con la realidad de la discriminación al inmigrante. "Siempre fue así", comenta Negrón-Muntaner. "Un medio como *El clamor público*, el primero aparecido en California hacia 1855, lo hacía. Y *El Diario La Prensa*, el más antiguo todavía en circulación, lo mantiene".

En las televisiones, con sus paradojas a cuestas, el problema es que andan en gran parte controladas por conglomerados anglosajones. O pretenden ahora, caso de Univisión, con capital hispano, captar público en inglés. "El desafío de los medios, y concretamente de la televisión, es mantener el vínculo y el interés en contenidos con un idioma que quede a la altura de la calidad de los otros", afirma Prado.

Fuente número 2

Introducción

El gráfico sobre los hispanohablantes y el español fue publicado en el artículo "El español en EE. UU: Un futuro prometedor pero con matices", el 23 de enero de 2017 en *El País* (España).

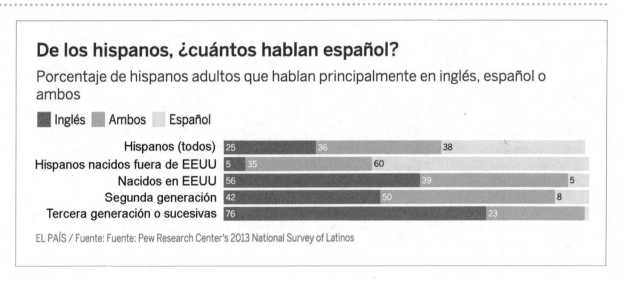

De los hispanos, ¿cuántos hablan español?

Porcentaje de hispanos adultos que hablan principalmente en inglés, español o ambos

■ Inglés ■ Ambos ■ Español

	Inglés	Ambos	Español
Hispanos (todos)	25	36	38
Hispanos nacidos fuera de EEUU	5	35	60
Nacidos en EEUU	56	39	5
Segunda generación	42	50	8
Tercera generación o sucesivas	76	23	

EL PAÍS / Fuente: Fuente: Pew Research Center's 2013 National Survey of Latinos

Fuente número 3

Introducción

Esta grabación trata sobre el uso del español en el Congreso de Estados Unidos. El artículo original fue publicado el 23 de abril de 2018 en *El País* (España). La grabación dura aproximadamente tres minutos.

El español gana peso en la política de Estados Unidos

Un informe de The Hispanic Council analiza el uso que del español hacen los congresistas de EE. UU.

Tema del ensayo:

¿Es esencial el idioma español para la supervivencia de la comunidad hispanohablante en Estados Unidos?

_____
_____
_____
_____
_____
_____
_____
_____
_____
_____
_____
_____
_____
_____
_____
_____
_____
_____
_____
_____
_____
_____
_____
_____
_____
_____
_____
_____
_____

Instrucciones

Vas a dar una presentación oral de tres minutos a tu clase sobre un tema cultural. En tu exposición, compara tu propia comunidad con una región del mundo hispanohablante que te sea familiar. Debes demostrar tu comprensión de aspectos culturales en el mundo hispanohablante y organizar tu presentación de una manera adecuada para los tres minutos.

Tema de la presentación:
¿Qué efectos ha tenido la inmigración en la comunidad?

- Compara tus observaciones acerca de las comunidades en las que hayas vivido con tus observaciones de una región del mundo hispanohablante que te sea familiar.
  En tu presentación puedes referirte a lo que has estudiado, vivido, observado, etc.

La herencia española en otras culturas

Tema curricular: La belleza y la estética (Lenguaje y literatura)

Comunicación interpretativa: Lectura y audio

Instrucciones

Vas a leer un texto y escuchar una grabación. Antes de escuchar la grabación, debes leer la introducción a las preguntas. Puedes escuchar la grabación varias veces. Mientras escuchas, puedes tomar apuntes. Después de escuchar la grabación, puedes empezar a contestar las preguntas. Para cada pregunta, elige la mejor respuesta según la grabación y/o el texto.

Fuente número 1

Lee el texto.

Introducción

Este texto trata sobre la presencia de la lengua española en el mundo. El reportaje original fue publicado el 24 de enero de 2017 en HayFestivalCartagena@BBCMundo.

¿En qué países se habla español fuera de España y América Latina?

Analia Llorente

567 millones. Ese es el número de personas que hablan español en el mundo. La cifra incluye a aquellos que tienen al español como idioma nativo, a los que lo usan como segunda lengua y a los estudiantes. Y esos 567 millones de personas equivalen aproximadamente a la población de Estados Unidos, Brasil y Argentina juntas. Pero claro, esas personas que utilizan frecuentemente o esporádicamente el español para comunicarse no solo viven en España o América Latina. Existen países en todos los continentes donde sus habitantes hablan el español de forma nativa o con competencia limitada.

Pero, ¿dónde?

Existe un país en África en el cual el español es el idioma oficial: Guinea Ecuatorial. Y esto ocurrió porque ese territorio fue adquirido por España en un tratado con Portugal en el siglo XVIII. En Guinea Ecuatorial, el 74% de su población habla español de forma nativa.

No oficial

Según el informe *El español: una lengua viva (2016)*, elaborado por el Instituto Cervantes, existen países en donde un alto porcentaje de su población habla español pero no es el idioma oficial. Por ejemplo, en Andorra, donde el idioma oficial es el catalán, el 93% de la población se comunica en español. En Aruba, América del Sur, el idioma oficial es el holandés, pero el 80% de las personas hablan el idioma de Cervantes, Darío, Borges y García Márquez. En las Antillas Holandesas, en el Caribe, el 59% de sus habitantes habla español y en Belice, América Central, lo hace el 52%. También se destaca la isla de Guam, un territorio incorporado a Estados Unidos que se ubica en el océano Pacífico, con el 36% de su población que habla español. En la lista de países donde se utiliza el español pero no como lengua oficial también aparecen Argelia, Brasil, Marruecos, Trinidad y Tobago, Australia, Canadá, Islas Vírgenes (EE. UU.), Noruega y Sáhara Occidental entre otros.

El caso de Estados Unidos

El 18% de los habitantes de Estados Unidos habla español, según los cálculos del Instituto Cervantes, comparado con la población total del país. Y el mismo instituto predice que en 2060, Estados Unidos será el segundo país hispanohablante del mundo, después de México. Las estimaciones realizadas por la Oficina del Censo de los Estados Unidos pronostican que los hispanos serán 119 millones en 2060. Eso supondrá que el 28.6% de la población estadounidense, casi uno de cada tres residentes en Estados Unidos, será hispano.

El segundo idioma más hablado

El español es la segunda lengua materna del mundo por número de hablantes, tras el chino mandarín, que tiene mil millones de hablantes. Cabe señalar que se calcula que en el mundo se hablan más de 7,000 lenguas, según la publicación *Ethnologue, Languages of the World*. Por razones demográficas, el porcentaje de población mundial que habla español como lengua nativa está aumentando, mientras que la proporción de hablantes de chino e inglés

desciende. Actualmente, el 7.8% de la población mundial es hispanohablante y es el segundo idioma de comunicación internacional. Según los pronósticos del Instituto Cervantes, en 2050 se mantendrá ese porcentaje. Sin embargo, en 2100, ese número se situará en 6.6%, por el descenso de la población de los países hispanohablantes.

El español es la tercera lengua más utilizada en la red.

De los casi 3,367 millones de usuarios que tenía Internet en todo el mundo en noviembre de 2015, el 7.6 % se comunicaba en español. Y esto se debe en parte a que España y México se encuentran entre los 20 países con mayor número de usuarios de Internet. Los dos idiomas que están por delante del español son el inglés y el chino, según detalla el mismo estudio de 2016 del Instituto Cervantes. Además, el español es la segunda lengua más utilizada en las dos principales redes sociales del mundo: *Facebook* y *Twitter*.

Fuente número 2

Escucha la grabación y responde a las preguntas.

Introducción

Esta grabación trata sobre el estado de la lengua española en España, las Américas y el mundo. El reportaje original, del programa La ventana al mundo, de la *Cadena SER*, fue grabado el 12 de noviembre de 2004 con motivo del III Congreso Internacional de la Lengua Española. La grabación dura 3:54 minutos.

....

Iñaki Gabilondo analiza el estado del español

1. ¿Cuál es el propósito del artículo de la primera fuente?

   ❏ a. analizar por qué se habla español en otros países

   ❏ b. informar sobre la presencia y el uso del español en el mundo

   ❏ c. describir los países que hablan español

   ❏ d. presentar los países donde el español es el idioma oficial

2. ¿Qué quiere decir la frase "con competencia limitada"?

   ❏ a. que su capacidad de hablar español es reducida

   ❏ b. que el español no es su lengua materna

   ❏ c. que no practican el español

   ❏ d. que no viven en un país que habla español

3. Según el artículo, ¿cuál es la lengua materna más hablada en el mundo?

   ❏ a. el inglés

   ❏ b. el español

   ❏ c. el francés

   ❏ d. el mandarín

4. ¿En qué se basa el número de personas que hablan español en el mundo?

   ❏ a. en las personas que hablan el español como lengua nativa o como segunda lengua

   ❏ b. en las personas que hablan el español como lengua nativa, como segunda lengua o que estudian el español

   ❏ c. en los habitantes de hispanoamérica

   ❏ d. en las personas que hablan el español como lengua nativa o que estudian el español

5. Según el Instituto Cervantes, ¿por qué para el 2100 habrá menos hispanohablantes?

   ❏ a. porque la población mundial habrá disminuido

   ❏ b. porque Estados Unidos tendrá más habitantes que hablan inglés

   ❏ c. porque la población en los países hispanohablantes habrá disminuido

   ❏ d. porque el número de hablantes del chino mandarín será mayor

6. ¿Cuál es el propósito de la fuente auditiva?

   ❏ a. informar sobre los participantes de un congreso

   ❏ b. hablar sobre la lengua española y su relación con otras lenguas

   ❏ c. informar sobre un congreso y comentar sobre el futuro de la lengua española

   ❏ d. analizar el valor de los congresos y los efectos de la globalización

7. Según el director de la Real Academia, ¿qué enriquece al español?

   ❏ a. las lenguas indígenas y otras lenguas que están en contacto con el español

   ❏ b. las lenguas de los hispanohablantes de la Península y de América

   ❏ c. el conjunto de palabras antiguas que componen la lengua española

   ❏ d. las variaciones lingüísticas

8. ¿A qué se refiere el término "lengua franca"?

   ❏ a. a una lengua basada en el español y el francés

   ❏ b. a una lengua que usan hablantes de diferentes idiomas para relacionarse entre sí

   ❏ c. a una lengua que es sincera

   ❏ d. a una lengua que hablan pocas personas

9. ¿Qué dudas tienen los expertos sobre el efecto de la globalización en el uso del español?

   ❏ a. si el español va a desaparecer

   ❏ b. si no habrá más congresos sobre la lengua española

   ❏ c. si el español va a ser una lengua uniforme

   ❏ d. si el español va a seguir siendo una lengua de comunicación internacional

10. Un efecto de la globalización puede ser

    ❏ a. que la lengua española pierda su riqueza de palabras.

    ❏ b. que el inglés se convierta en el único vehículo de comunicación internacional.

    ❏ c. que mueran las otras lenguas que se hablan en el mundo.

    ❏ d. que la lengua española se convierta en la lengua más hablada en el mundo.

Instrucciones

Vas a escribir una respuesta a un mensaje electrónico. Tu respuesta debe incluir un saludo y una despedida y debe responder a todas las preguntas y peticiones del mensaje. En tu respuesta, debes pedir más información sobre algo mencionado en el mensaje. Debes responder de una manera formal.

....

Correo electrónico

X

De: Juan Carlos Gómez

Para:

Asunto: Programa de Intercambio Estudiantil

Estimado(a) solicitante:

Es con gran placer que queremos comunicarle que ha sido aceptado(a) en nuestro programa de intercambio estudiantil.

Nuestro programa ofrece la oportunidad de practicar y perfeccionar los conocimientos lingüísticos de los participantes en un ambiente multicultural, donde conocerán personas de todas las partes del mundo, además de aprender sobre la cultura española. El programa también les permitirá ampliar las perspectivas personales y tener una experiencia educativa internacional.

Le aconsejamos que llegue a Salamanca antes del comienzo del curso académico. Para poder proveerle de la mejor orientación relacionada con las clases y su estancia en nuestra ciudad, le pedimos la siguiente información.

1. Nivel de español: Provea información sobre los cursos de español que ha realizado y las fechas. Si no está seguro(a) sobre su nivel, indíquenos si está dispuesto(a) a someterse a una prueba para determinar su nivel. También ofrecemos servicios particulares de tutoría y nos gustaría saber si estaría interesado(a) en recibir esos servicios.

2. Alojamiento: Nuestra institución cuenta con una residencia estudiantil, pero también podemos ponerlo(a) en contacto con una de las familias que participa en nuestro programa de alojamiento. Déjenos saber cuál sería su preferencia. Si decide alojarse con una familia, ¿qué datos personales debemos conocer para poder conectarlo con la familia apropiada?

Le agradeceríamos que nos enviara esta información lo antes posible.

Le saluda atentamente,

Juan Carlos Gómez
Director del Programa de Intercambio
Centro Internacional de Idiomas, Madrid, España

Respuesta

X

De:

Para: Juan Carlos Gómez

Asunto: Programa de Intercambio Estudiantil

ENVIAR

Instrucciones

Vas a participar en una conversación. Primero vas a leer la introducción y el esquema de la conversación. Después comenzará la conversación, siguiendo el esquema.
Cada vez que te corresponda participar en la conversación, vas a decir o grabar tu respuesta.
Participa de la manera más completa y apropiada posible.

Introducción

Imagina que tienes una conversación con tu profesora de Español. Ella quiere hablar contigo sobre los preparativos para la celebración del Día del idioma español en clase.

Las líneas en color indican lo que escucharás en la grabación. Las líneas en blanco son las acciones que tú debes realizar.

....

Profesora: Inicia la conversación y te pide tu opinión.

Tú: Responde afirmativamente y explica por qué.

Profesora: Continúa la conversación y te hace otra pregunta.

Tú: Responde de acuerdo con tus conocimientos.

Profesora: Te pregunta por algunas ideas.

Tú: Responde con detalle.

Profesora: Continúa la conversación haciéndote otra pregunta.

Tú: Explícale las actividades que se pueden organizar.

Profesora: Te hace una pregunta.

Tú: Contéstale que no es posible y explícale por qué.

Profesora: Termina la conversación.

El desarrollo económico y la salud del planeta
Tema curricular: Los desafíos mundiales

+ **Comunicación interpretativa: Audio**

Instrucciones

Vas a escuchar una grabación. Primero debes leer la introducción y las preguntas. Puedes escuchar la grabación varias veces. Mientras escuchas, puedes tomar apuntes. Después de escuchar la grabación, puedes empezar a contestar las preguntas. Para cada pregunta, elige la mejor respuesta según lo que escuchaste.

Introducción

Esta grabación trata sobre la moneda virtual Bitcoin. El reportaje original, titulado "¿Podría ser Bitcoin la moneda virtual del futuro?", fue emitido el 9 de enero de 2018 en el programa Hoy por Hoy de la Cadena Ser (España). La grabación dura aproximadamente tres minutos.

Bitcoin, la moneda virtual del futuro

1. ¿Cuál es el propósito de esta entrevista?

    ❑ a. discutir las ventajas y desventajas de la moneda virtual

    ❑ b. explicar el concepto de moneda virtual

    ❑ c. describir cómo la moneda virtual se utiliza

    ❑ d. explicar qué es el sistema de distribución de dinero

2. Según la entrevista, ¿qué ventaja tiene el Bitcoin?

    ❑ a. que no es una moneda y además está disponible en el Internet

    ❑ b. que no necesita un banco

    ❑ c. que no necesita un sistema de distribución

    ❑ d. que además de dinero, es el sistema de distribución del dinero

3. ¿Qué son las "divisas"?

    ❑ a. monedas que se usan en transacciones internacionales

    ❑ b. cuentas de banco

    ❑ c. transacciones realizadas con dinero

    ❑ d. sistemas de pago

4. En la entrevista, cuando el entrevistador dice "ya" para responder, ¿qué quiere decir?

    ❑ a. que quizás está de acuerdo con la otra persona

    ❑ b. que entiende lo que quiere decir la otra persona

    ❑ c. que no está de acuerdo con la otra persona

    ❑ d. que apoya lo que dice la otra persona

5. Según la entrevista, ¿cuál es uno de los principales beneficios del Bitcoin?

    ❑ a. que no necesitas aplicar para una tarjeta de crédito

    ❑ b. que te permite hacer pagos sin depositar monedas

    ❑ c. que te permite realizar transacciones sin necesidad de un intermediario

    ❑ d. que no te pueden quitar el dinero

6. ¿Qué quiere decir que los costes son prácticamente cero?

    ❑ a. que las transacciones no necesitan intermediarios

    ❑ b. que no se necesitan monedas para realizar las transacciones

    ❑ c. que el dinero no se convierte en una moneda física

    ❑ d. que casi no habrá gastos para realizar las transacciones

7. Cuando el entrevistador usa la expresión "ujú", ¿qué está expresando?

    ❑ a. que está de acuerdo con lo que se está diciendo

    ❑ b. que desaprueba lo que se está diciendo

    ❑ c. que no entiende lo que se está diciendo

    ❑ d. que pone en duda lo que se está diciendo

8. ¿Por qué el Bitcoin es "dinero mágico"?

    ❑ a. porque es dinero inmediato

    ❑ b. porque es una moneda virtual

    ❑ c. porque no necesita un banco

    ❑ d. porque se multiplica rápidamente

Instrucciones

Vas a escribir un ensayo persuasivo. El tema del ensayo se basa en las tres fuentes adjuntas, que presentan diferentes puntos de vista sobre el tema e incluyen material escrito y grabado. Primero lee el tema del ensayo y los textos. Después escucha la grabación. Puedes escuchar la grabación más de una vez si, es necesario. Por último, prepara y escribe tu ensayo.

En tu ensayo, debes presentar los diferentes puntos de vista de las fuentes sobre el tema. Luego debes expresar tu punto de vista personal y apoyarlo. Es importante que uses información de todas las fuentes para apoyar tu punto de vista. Identifica las fuentes y organiza el ensayo en 4-5 párrafos bien desarrollados.

Tema del ensayo: ¿Debe repetirse el modelo energético de Costa Rica en otros países de Latinoamérica?

Fuente número 1

Introducción

Este artículo trata sobre los esfuerzos de Costa Rica para producir su electricidad utilizando únicamente energías renovables. El reportaje original fue publicado el 4 de enero de 2017 en *BBC Mundo*, sección Noticias.

. . . .

Cómo hizo Costa Rica para pasar 250 días sin utilizar combustibles fósiles para su electricidad

Es un ejemplo para la región: durante 2016, Costa Rica pasó más de 250 días utilizando electricidad proveniente únicamente de energías renovables.

Es decir, durante aproximadamente dos tercios del año, este país de casi cinco millones de habitantes no requirió para nada de combustible fósil para generar electricidad.

Y eso no es todo: a lo largo de 2016 el 98.12% del servicio de energía provino de fuentes hidroeléctricas, geotérmicas, eólicas o de energía solar.

Si esta cifra suena impactante, quizás más asombroso decir que este es el segundo año consecutivo que Costa Rica supera la barrera del 98% de energía limpia.

De hecho, en 2015 el país centroamericano estuvo unas décimas por encima de la marca actual con 98.9%, según datos del Instituto Costarricense de Electricidad (ICE).

Pero el año pasado el país centroamericano rompió su propio récord de días consecutivos sin utilizar combustibles fósiles, sumando 76.

Y para 2017 "proyectamos que la generación renovable se mantendrá estable", declaró a la prensa local el presidente del ICE, Carlos Obregón.

Ahora bien, ¿cómo lo hace?

Varios factores

En primer lugar, el país cuenta con una red de hidroeléctricas que aporta el 75% de la electricidad, el 12% viene de energía geotérmica, un 10% es gracias a energía eólica y el resto de energías limpias es biomasa y solar.

Su principal fuente es la represa Reventazón, capaz de surtir a unas 525,000 casas.

Pero el hecho de que dependa tanto en un sólo recurso tiene sus riesgos.

Tal y como explican medios locales, la razón de que este año estuvieran unas décimas por debajo que el 2015 se debe a que en enero pasado sufrieron una corta sequía.

Y en 2014 Costa Rica experimentó la peor sequía en más de 70 años, lo que hizo que el país dependiera más de hidrocarburos para el abastecimiento de electricidad.

Otro factor a favor de que el país esté encaminado a convertirse en una nación con energía 100% renovable es su población.

Ofrecer electricidad a 4.9 millones de habitantes distribuidos en un área de 51,000 kilómetros cuadrados no es lo mismo que abastecer -por ejemplo- a las 8.6 millones de personas que tiene Londres en un área de 1,500 kilómetros cuadrados.

Por otro lado, el sitio Science Alert señala que las industrias primarias de ese país son el turismo y la agricultura, "no son los más exigentes en términos de la energía que necesitan".

Hacia adelante

No obstante, los logros de Costa Rica están lejos de ser desdeñables.

El país cuenta con un claro plan energético que tiene como objetivo alcanzar la marca del 100% para el 2021.

Por lo pronto, Obregón informó que en este año que empieza pondrán en funcionamiento cuatro plantas eólicas, "además de que esperamos condiciones hidrometeorológicas favorables en las cuencas fluviales que alimentan nuestras plantas".

No obstante, en términos medioambientales, la nación todavía tiene un camino largo por recorrer en términos de transporte, pues el 70% de sus emisiones de carbono viene del combustible de vehículos.

Sin embargo, ¿puede Costa Rica ser un ejemplo de cómo la naturaleza y la economía pueden trabajar juntas?

"Creo que podemos decir que los costarricenses son más conscientes de sus bienes medioambientales", le dijo recientemente a la BBC Paul Ekins, profesor de políticas de recursos naturales y el medioambiente de la University College London, en Londres.

El experto señaló que la clave del país centroamericano está en que ven el medioambiente y las iniciativas medioambientales como una forma de mejorar la calidad de vida.

"Lo que hay que hacer es buscar formas de integrar en nuestra mente medioambiente y calidad de vida", agregó. "El problema está en que las sociedades industriales tienen la percepción de que las políticas medioambientales representan un golpe en la economía y es poco a poco que nos estamos alejando de esta idea".

Según cifras del Banco Mundial, Costa Rica es considerado un país de ingreso medio alto que experimentó un crecimiento económico sostenido en los últimos 25 años. "La expectativa (de crecimiento) para 2017 es de un 3.6%", se lee en el sitio del Banco Mundial.

Fuente número 2

Introducción

El texto y el gráfico son parte del artículo original "América Latina crece más en combustibles fósiles que en renovables", publicado el 5 de junio de 2017 en Ambiental.net, del Centro Latino Americano de Ecología Social (CLAES) (Montevideo, Uruguay).

....

[...] Desde la línea vertical hacia delante puede verse la perspectiva hacia el futuro del consumo de energía en América Latina, según la prospectiva de la Agencia Internacional de la Energía. Hacia 2035 las renovables aumentarán su participación en la matriz, pero mucho más aumentará el uso de combustibles fósiles.

[...] Aún queda petróleo convencional por extraer, pero la producción petrolera será cada año menor. Habrá que importar petróleo o recurrir a los llamados hidrocarburos no convencionales y a la técnica de extracción conocida como *fracking* o fractura hidráulica.

El uso de la tecnología presenta una serie de riesgos pues implica la fractura de las rocas del subsuelo a profundidades de hasta 3,000 metros o más y el uso de grandes cantidades de aditivos químicos.

El aumento del consumo de petróleo y gas natural ya de por sí es un agravante para el medio ambiente en la medida que aumentará las emisiones de gases de efecto invernadero. Pero si además, estos combustibles son extraídos utilizando la tecnología del *fracking*, definitivamente no son buenas noticias para el futuro del medio ambiente latinoamericano.

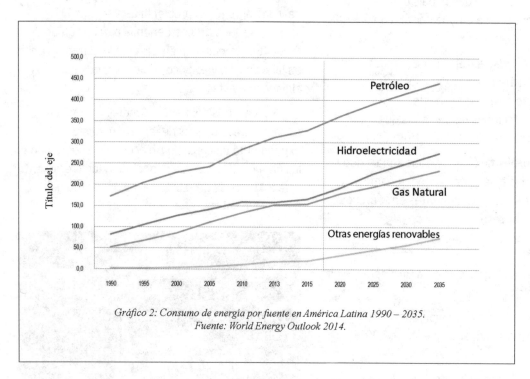

Gráfico 2: Consumo de energía por fuente en América Latina 1990 – 2035.
Fuente: World Energy Outlook 2014.

Fuente número 3

Introducción

Esta grabación trata sobre el modelo energético de Costa Rica y la energía verde, según una entrevista realizada al profesor universitario y miembro de la Federación Costarricense para la Conservación del Ambiente (FECON), Osvaldo Durán. El reportaje original, del programa Voces y política de Radio Universidad de Costa Rica (Costa Rica), fue grabado el 2 de noviembre de 2016. La grabación dura aproximadamente tres minutos.

....

Modelo energético en Costa Rica

Tema del ensayo:

¿Debe repetirse el modelo energético de Costa Rica en otros países de Latinoamérica?

Instrucciones

Vas a realizar una presentación oral de tres minutos a tu clase sobre un tema cultural. En tu exposición, compara tu propia comunidad con una región del mundo hispanohablante que te sea familiar. Debes demostrar tu comprensión de aspectos culturales en el mundo hispanohablante y organizar tu presentación de una manera adecuada para los tres minutos.

Tema de la presentación:

¿Cómo podría beneficiarse tu comunidad del uso de energías renovables?

■ Compara tus observaciones acerca de los beneficios que tendrían estas energías en alguna de las comunidades en las que has vivido con tus observaciones de una región del mundo hispanohablante que te sea familiar.
En tu presentación puedes referirte a lo que has estudiado, vivido, observado, etc.

El desarrollo de los medios de comunicación

Tema curricular: La ciencia y la tecnología

Instrucciones

Vas a leer un texto. El texto va acompañado de varias preguntas. Para cada pregunta, elige la mejor respuesta según el texto.

Introducción

Este texto trata sobre la tecnología de traducción instantánea. El artículo original fue publicado el 1 de diciembre de 2017 en la sección "Tecnología" de *El País* (España).

La tecnología que puede sustituir a los idiomas

Los sistemas de traducción instantánea se empiezan a popularizar en reuniones de negocios y ONG, pero aún están lejos de sustituir a los humanos.

Isabel Rubio

Cada día 42,500 personas se ven obligadas a huir de sus hogares. Pero la barrera del idioma entre quienes huyen de su país y las ONG podría estar cerca de desaparecer: las organizaciones *Open Learning Exchange* y *Movement on the Ground* acaban de recibir más de 200 *Travis the Translator*, un aparato que traduce conversaciones en 80 idiomas en tiempo real. La proliferación de sistemas de traducción instantánea en el mercado puede ayudar en situaciones como la crisis de los refugiados. Pero también abre un debate: ¿será una alternativa al aprendizaje de idiomas? ¿obligarán estos aparatos a replantear algunas profesiones?

El vicedecano de Innovación, Tecnologías y Equipamiento de la Facultad de Filología de la Universidad Complutense de Madrid, Jorge Arús, defiende que la funcionalidad de estos dispositivos es proporcionar seguridad al hablante: "Sirven para quitar el miedo a poner en práctica un idioma en otro país". El funcionamiento de los auriculares de traducción instantánea como *Pilot* o *Google Pixel Buds* es muy simple: dos personas que hablan en idiomas diferentes se ponen unos auriculares que traducen su diálogo casi al instante.

Algunas multinacionales ya han solicitado información sobre los dispositivos de traducción instantánea. "Compañías internacionales como Ikea han mostrado interés por nuestro producto ya que consideran que podría ayudar a sus empleados en reuniones internacionales y viajes de negocios", señalan fuentes de la empresa creadora de *Travis the Translator*. Google asegura que ya han vendido los *Google Pixel Buds* a empresas para reuniones de negocios, principalmente a clientes de Europa y del sudeste asiático.

El precio de estos dispositivos está en torno a los 200 euros por lo que hay quienes optan por aplicaciones del móvil más económicas que intentan desempeñar la misma labor. Por ejemplo, *Speak & Translate*, *iTranslate* o *Skype Translator*.

Los fabricantes de estos sistemas defienden ante todo su utilidad en viajes puntuales. Por ejemplo, al poder preguntarle a la población local sobre lugares o comida. "Si vas a hacer un viaje corto, ¿pasarías meses aprendiendo un idioma que utilizarás una semana? La mayoría de la gente no tiene tiempo para hacerlo", señalan los fabricantes del sistema de traducción *ili Wearable Translator*.

Para la jefa de estudio del servicio de lenguas de la Universidad Autónoma de Barcelona, Sonia Prats, "la lengua es mucho más que el traspaso de una idea concreta". Aunque reconoce que estos dispositivos podrían ser de ayuda a personas que viajan de manera puntual, ve imposible que puedan sustituir "a la necesidad real de comunicación del ser humano". Arús no cree, de hecho, que con los sistemas de traducción instantánea se vaya a dejar de aprender otras lenguas, sino todo lo contrario: "Puede que la gente aprenda más al tener una sobreexposición al idioma a través de este aparato".

No obstante, los avances en nuevas tecnologías crecen a un ritmo vertiginoso. "Estamos en una era de explosión de inteligencia artificial", señala el vocal del Consejo del Colegio de Ingenieros en Informática, Juan Salvador Castejón. Este especialista en sistemas de reconocimiento vocal asegura que "se ha evolucionado más rápido en el último año que en los cinco anteriores". En la misma línea, el presidente de la sociedad española para el procesamiento del lenguaje natural, Alfonso Ureña, sostiene que solo "es cuestión de tiempo" que los sistemas de traducción alcancen la perfección. Para él, el reconocimiento de voz ya está muy avanzado, pero la tecnología del lenguaje aún no está a la altura de un humano. Los dispositivos aún presentan errores de falta de contexto o dificultad a la hora de traducir frases hechas. Por ejemplo, al introducir "feliz puente" en *Google Translate*, el programa muestra la traducción literal "*happy bridge*".

Pero si las mejoras de los sistemas de traducción instantánea continúan a este ritmo, algunas profesiones van a experimentar grandes cambios. Salvador vaticina que, por ejemplo, los intérpretes en el Parlamento Europeo serán sustituidos por estos aparatos. Aunque la vicepresidenta de la asociación de traductores audiovisuales de España, Eugenia Arrés, le quita hierro. Esta especialista recuerda que los dispositivos dependen de la inteligencia artificial y afirma que esta, al día de hoy, aplicada al campo de la traducción, "está en pañales". "*Google Translate* tiene la capacidad de comprensión de un niño de seis años. No veo estos aparatos funcionando en

interpretación en empresas por la misma razón por la que no enviamos un texto traducido por *Google Translate* sin edición", explica.

A esta traductora e intérprete autónoma le preocupa la confidencialidad de las traducciones: se pregunta hasta qué punto a la empresa que fabrica los sistemas de traducción le pertenece cualquier grabación y tiene libertad para hacer con ella lo que quiera. "Nosotros firmamos acuerdos de confidencialidad y, hoy por hoy, no creo que los dispositivos choquen con nuestro trabajo", sostiene. Aún así, Arrés reconoce que es probable que la faena de los intérpretes cambie, al igual que lo está haciendo la de los traductores, que cada vez desempeñan más una labor de revisores. El ingeniero informático Juan Salvador Castejón sostiene que la mejor salida para este tipo de profesionales es participar en la construcción de dispositivos de traducción instantánea.

"Solo sobrevivirán los empleos en los que una persona aporte un valor añadido porque tenga que tomar decisiones o interpretar algo que se aleje de un trabajo mecánico", señala Salvador. La actriz de doblaje María Jesús Nieto está convencida de que el suyo es uno de estos casos: "En las películas no traduces la letra, sino las emociones". Además, hace hincapié en la diferencia entre la traducción simultánea, que se conseguiría con estos dispositivos y que va con unos segundos de retardo, y la sincrónica, en la que lo que se oye encaja con los labios del actor. Lo mismo ocurre en el caso de los guías. Almudena Cencerrado, la presidenta de la Confederación de Guías de España, señala que con los auriculares se perdería calidad en la visita: "Es imposible que traduzca la terminología o las experiencias personales sin perder la calidad humana".

Los dispositivos móviles son herramientas útiles, pero no sustituyen a la necesidad real de comunicación del ser humano.

1. ¿Cuál es el propósito del artículo?

   ❑ a. informar sobre los usos y retos de la tecnología de traducción instantánea

   ❑ b. comparar las diferentes tecnologías de traducción instantánea

   ❑ c. informar sobre los grupos que utilizan la traducción instantánea

   ❑ d. describir qué es la traducción instantánea

2. ¿Qué son los auriculares?

   ❑ a. unos aparatos que se utilizan para traducir

   ❑ b. unos aparatos que se utilizan para hablar

   ❑ c. unos aparatos que se utilizan para escuchar

   ❑ d. unos aparatos que se utilizan para hablar y escuchar

3. ¿Qué expresión en el artículo significa "sin demora"?

   ❑ a. de manera puntual

   ❑ b. al día de hoy

   ❑ c. es cuestión de tiempo

   ❑ d. al instante

4. Según el artículo, ¿qué tipo de viaje no merece aprender un idioma?

   ❑ a. un viaje corto

   ❑ b. un viaje a Europa o al sudeste asiático

   ❑ c. un viaje para huir de un país

   ❑ d. un viaje de negocios

5. Según Sonia Prats, ¿qué posible beneficio ofrece exponerse repetidamente a una lengua?

   ❑ a. que las personas se puedan comunicar en todos los idiomas

   ❑ b. que las personas se interesen más en aprender la lengua

   ❑ c. que los auriculares no sustituyan otras lenguas

   ❑ d. que sea más fácil traspasar una idea concreta

6. En el contexto del artículo, ¿a qué se refiere la expresión "le quita hierro"? (párrafo 8)

   ❑ a. Le quita un elemento.

   ❑ b. Le quita importancia.

   ❑ c. Le quita significado.

   ❑ d. Le quita comprensión.

7. ¿Por qué no entendió *Google Translate* la frase "feliz puente"?

   ❑ a. porque en inglés no tiene sentido que un puente sea feliz

   ❑ b. porque en inglés no existen los puentes

   ❑ c. porque en esa frase, "puente" se refiere a una serie de días festivos

   ❑ d. porque *Google Translate* es una tecnología muy limitada en español

8. ¿Qué ventaja tiene el doblaje sincrónico sobre la traducción simultánea?

   ❑ a. En la traducción simultánea no hay retardo.

   ❑ b. En el sincrónico hay un retardo de unos segundos.

   ❑ c. En la traducción simultánea se traduce la letra.

   ❑ d. En el sincrónico la traducción va con el movimiento de labios del actor o de la actriz.

9. Algo que "está en pañales", está

   ❑ a. comenzando.

   ❑ b. progresando.

   ❑ c. por terminar.

   ❑ d. limitado.

10. ¿Qué técnica usa el autor para comunicarse?

   ❑ a. Hace comparaciones de tecnologías.

   ❑ b. Cita anécdotas de su propia experiencia.

   ❑ c. Incluye opiniones de profesionales.

   ❑ d. Incluye su punto de vista.

Instrucciones

Vas a escribir una respuesta a un mensaje electrónico. Tu respuesta debe incluir un saludo y una despedida y debe responder a todas las preguntas y peticiones del mensaje. En tu respuesta, debes pedir más información sobre algo mencionado en el mensaje. Debes responder de una manera formal.

Correo electrónico

	X

De: Paco

Para:

Asunto: Almacenamiento en la nube

¡Hola! ¿Qué hubo? En estos días asistí a una conferencia en Ciudad de México sobre el almacenamiento en la nube y aprendí unas cuantas cosas interesantes. Ya sabes que me encanta todo lo relacionado con la tecnología y que siempre me estoy informando.

¿Conoces o usas el almacenamiento en la nube? Muchas personas lo usan para evitar saturar el almacenamiento de sus móviles o celulares. Yo no sabía exactamente lo que era y cómo funcionaba. Aprendí que el almacenamiento en la nube en realidad son servidores de otros, ¡y que no son nubes tan inaccesibles como las del cielo! En esos almacenamientos también han ocurrido robos y filtración de datos y fotos de los usuarios. Otro riesgo es que se puede poner en peligro la conservación de nuestras imágenes a largo plazo cuando el servicio de almacenamiento desaparece.

Otra cosa que aprendí es que antes de contratar un servicio de almacenamiento en la nube debemos averiguar qué garantías de seguridad ofrece la compañía, por ejemplo, si encriptan la información, si tienen almacenaje ilimitado de fotos, y si es fácil acceder desde una computadora o una aplicación de móvil o celular independiente.

Si ya usas el almacenamiento en la nube o si conoces a alguien que lo usa, cuéntame cómo ha sido la experiencia.

¡Hasta la próxima!

Tu amigo,

Paco

ENVIAR

Respuesta

De:

Para: Paco

Asunto: Almacenamiento en la nube

ENVIAR

Instrucciones

Vas a participar en una conversación. Primero vas a leer la introducción y el esquema de la conversación. Después comenzará la conversación, siguiendo el esquema. Cada vez que te corresponda participar en la conversación, vas a decir o grabar tu respuesta. Participa de la manera más completa y apropiada posible.

Introducción

Imagina que tienes una conversación con tu amiga Marta sobre cómo usan el Internet.

Las líneas en color indican lo que escucharás en la grabación. Las líneas en blanco son las acciones que tú debes realizar.

Marta: Inicia la conversación y te hace una pregunta.

Tú: Salúdala y responde a su pregunta.

Marta: Hace un comentario y pide tu opinión.

Tú: Responde afirmativamente y explica por qué.

Marta: Te da más detalles y te hace una pregunta.

Tú: Respóndele con detalle.

Marta: Continúa la conversación y te hace una invitación.

Tú: Respóndele aceptando la invitación.

Marta: Se despide.

Tú: Da las gracias y despídete.

La ciencia y la tecnología en nuestro entorno
Tema curricular: La ciencia y la tecnología

Instrucciones

Vas a escuchar una grabación. Primero debes leer la introducción y las preguntas. Puedes escuchar la grabación varias veces. Mientras escuchas, puedes tomar apuntes. Después de escuchar la grabación, puedes empezar a contestar las preguntas. Para cada pregunta, elige la mejor respuesta según lo que escuchaste.

Introducción

Esta grabación trata sobre la cultura inca. Esta es una de las versiones de una leyenda tradicional inca. La grabación dura aproximadamente tres minutos.

1. ¿Cuál es el propósito de la leyenda?

   ❑ a. contar cómo fue la vida de Inca y Mama Cocha

   ❑ b. relatar el origen de los "hijos del Sol" y el imperio inca

   ❑ c. analizar cómo vivían las personas de un lago

   ❑ d. relatar cómo llegaron a la Tierra Inca y Mama Cocha

2. ¿Qué quiere decir que "se miraban de reojo"?

   ❑ a. que se miraban con disimulo

   ❑ b. que se miraban directamente a los ojos

   ❑ c. que se miraban algunas veces

   ❑ d. que se miraban con enojo

3. ¿Qué hizo que el Sol y la Luna se enamoraran?

   ❑ a. que cuando el Sol llegaba, la Luna se iba

   ❑ b. que los habitantes de los Andes los vieran

   ❑ c. que los dioses quisieran una familia

   ❑ d. que se vieran los dos de cerca

4. ¿Dónde habitaba la gente del lago?

   ❑ a. en una ciudad

   ❑ b. en pueblos lejanos

   ❑ c. en cuevas

   ❑ d. en un valle

5. ¿Qué hicieron los hermanos para ayudar a la gente a protegerse?

   ❑ a. les enseñaron a construir caminos

   ❑ b. les enseñaron a construir templos y fortalezas

   ❑ c. les enseñaron a hilar telas

   ❑ d. les enseñaron a construir casas

6. ¿Quién les dio los nombres de Inca y Mama Cocha a los hermanos?

   ❑ a. la gente de la región del lago

   ❑ b. el Sol y la Luna

   ❑ c. el dios que pone todo en orden

   ❑ d. el emperador inca

7. ¿Qué quiere decir "tierras labradas"?

   ❑ a. tierras en las montañas

   ❑ b. tierras cultivadas

   ❑ c. tierras protegidas por el Sol

   ❑ d. tierras estériles

8. ¿Quiénes recibían el nombre de "inca"?

   ❑ a. los habitantes del lago

   ❑ b. la gente de las montañas

   ❑ c. los emperadores

   ❑ d. todos los hijos del Sol

9. ¿Qué otra frase se puede usar para decir "en recuerdo"?

   ❑ a. en ausencia

   ❑ b. en memoria

   ❑ c. en conocimiento

   ❑ d. en orden

10. Según la leyenda, ¿por cuánto tiempo se mantuvo el imperio fuerte y unido?

   ❑ a. hasta que Inca y Mama Cocha terminaron su obra

   ❑ b. mientras estuvieron Inca y Mama Cocha en la Tierra

   ❑ c. muchos años antes de irse Inca y Mama Cocha

   ❑ d. muchos años después de la partida de Inca y Mama Cocha

Instrucciones

Vas a escribir un ensayo persuasivo. El tema del ensayo se basa en las tres fuentes adjuntas, que presentan diferentes puntos de vista sobre el tema e incluyen material escrito y grabado. Primero lee el tema del ensayo y los textos. Después escucha la grabación. Puedes escuchar la grabación más de una vez, si es necesario. Por último, prepara y escribe tu ensayo.

En tu ensayo, debes presentar los diferentes puntos de vista de las fuentes sobre el tema. Luego debes expresar tu punto de vista personal y apoyarlo. Es importante que uses información de todas las fuentes para apoyar tu punto de vista. Identifica las fuentes y organiza el ensayo en 4-5 párrafos bien desarrollados.

Tema del ensayo: ¿Se debe prohibir el uso de la biotecnología agrícola?

Fuente número 1

Introducción

Este artículo trata sobre la biotecnología agrícola, o cultivos genéticamente modificados, en América Latina. El reportaje original fue publicado el 14 de abril de 2015 en la sección "Economía" de Agencia EFE.

América Latina liderará la revolución biotecnológica agrícola, según expertos

Santiago de Chile, 14 abr.- América Latina será una "región faro" para el resto del mundo en el ámbito de la biotecnología agrícola, según afirmaron distintos expertos en agricultura y alimentación reunidos en el foro Internacional *Crop Life* "América Latina. Alimentos para el mundo" celebrado hoy en Santiago de Chile.

"América Latina va a tener un importante rol en el siglo que justo ahora empezamos gracias a su apuesta por la tecnología y la innovación en el ámbito de la agricultura", apuntó el experto en innovación Raúl Rivera durante una de las ponencias del foro que fue inaugurado por el ministro de agricultura chileno, Carlos Furche.

La biotecnología agrícola, que manipula la estructura genética de organismos que son utilizados en la producción o elaboración de productos agrícolas, es, según Rivera, la ciencia que "va a transformar la industria a nivel mundial en los próximos años".

Latinoamérica, la reserva cultivable más grande del mundo, lleva varios años experimentando en este ámbito y "podría convertirse en un modelo

global de desarrollo sustentable y de calidad en 2050", vaticinó Rivera y vaticinó que para esa fecha el planeta tendrá unos 9.000 millones de habitantes que necesitarán ser alimentados.

"La región ostenta el 24% de la tierra productiva del planeta y solo estamos exportando el 11%", dijo a Efe el presidente ejecutivo de la organización gremial internacional *Crop Life Latin America*, José Perdomo.

Para Perdomo la biotecnología será uno de los "ingredientes más importantes del futuro de Latinoamérica, como lo fueron en su día los fertilizantes, las semillas mejoradas o la irrigación por goteo".

Con la aplicación de este tipo de tecnología e innovación en la agricultura se consigue producir más alimentos con menos recursos, algo que según Perdomo será "fundamental" en las próximas décadas en las que se espera que aumente en un 55% el consumo mundial y el 25% del suelo no sea apto para el cultivo.

En opinión del ejecutivo, la sociedad debería "abrazar" este tipo de tecnología, pues "el miedo a los transgénicos es infundado".

"Este es un temor producto de la desinformación y de lo difundido por unas organizaciones que aprovechan la situación para generar atrasos en la evaluación y adopción de estas tecnologías", explicó Perdomo.

Para reforzar su argumento, el ejecutivo hizo referencia al caso de Estados Unidos donde desde hace dos décadas alimentan al ganado con soja o maíz transgénico y, a su juicio, "la carne es exactamente igual que antes".

"Dentro de 20 años veremos que todos estos miedos estaban infundados y miraremos hacia atrás y nos arrepentiremos de no haber dejado avanzar esta tecnología a un ritmo adecuado a cada uno de los países en los que todavía está en evaluación", sentenció Perdomo.

Una opinión matizada por el científico Sanjaya Rajaram, premio mundial de la alimentación 2014, quien en declaraciones a Efe aseguró que "hay que ser sumamente cuidadoso al trabajar con este tipo de tecnologías".

"Cuando cruzamos una especie con la otra podemos transferir no solo los buenos genes sino también los malos. Eso quiere decir que necesitamos una buena legislación a nivel intergubernamental", añadió el científico indio que este martes también estuvo presente en el foro.

Asimismo, el ganador del llamado "Nobel de la Paz de la Alimentación y la Agricultura", aseguró que el mal uso de los transgénicos podría generar una dependencia económica de los pequeños agricultores, quienes "no dispondrán del dinero necesario para pagar una tecnología que es cara".

"El 72% de los agricultores a nivel mundial son pequeños por lo que yo propongo que los gobiernos subsidien una parte del precio de estas semillas. Tanto los grandes latifundistas como los modestos campesinos deben tener acceso al mismo tipo de tecnología", recalcó Rajaram.

Fuente número 2

Introducción

La siguiente tabla es parte de la sección "El papel de la tecnología" del informe resumido *Agricultura mundial: hacia los años 2015/2030* de la FAO (Organización de las Naciones Unidas para la Alimentación y la Agricultura). El informe presenta la última evaluación de la FAO acerca de la evolución a largo plazo de la alimentación, nutrición y agricultura mundiales.

Biotecnología: Beneficios potenciales, riesgos y preocupaciones	
Beneficios potenciales	Riesgos y preocupaciones
Mayor productividad de la que resultarán rentas más elevadas para los productores y precios más reducidos por los consumidores.	Los productos están adaptados en gran medida a las necesidades de los agricultores a gran escala y de la elaboración industrial en el mundo desarrollado, con el resultado de que los agricultores con escasos recursos de los países en desarrollo no se beneficiarán de ellos.
Menor necesidad de insumos perjudiciales para el medio ambiente, especialmente insecticidas. Los científicos han desarrollado variedades de maíz y algodón que incorporan genes de la bacteria Bacillus thuringiensis (Bt) que produce toxinas insecticidas. Se encuentran en camino variedades resistentes a virus y hongos para frutas y hortalizas, patatas y trigo.	Concentración del mercado y poder monopolístico en el sector de semillas, lo que reduce las posibilidades de elección y control para los agricultores, que tendrán que pagar precios cada vez más altos por las semillas. Una sola compañía controla más del 80 por ciento del mercado del algodón MG y el 33 por ciento de la soja MG.
Nuevas variedades de cultivos destinados a zonas marginales aumentarán la sostenibilidad de la agricultura en comunidades agrícolas pobres. Estas variedades serán resistentes a la sequía, al encharcamiento, a la acidez del suelo, a la salinidad o a temperaturas extremas.	Obtención de patentes de genes y de otros materiales con origen en los países en vías de desarrollo. Compañías del sector privado están en condiciones de apropiarse sin compensación de los productos resultantes de los esfuerzos de mejoramiento de generaciones de agricultores y de las investigaciones realizadas en el sector público.
Reducción de la dependencia de conocimientos de gestión gracias a la resistencia incorporada a plagas y enfermedades.	Tecnologías capaces de impedir que los agricultores reutilicen las semillas. Estas tecnologías requieren que los agricultores compren nuevas semillas todas las temporadas y pueden impedir su adopción por agricultores pobres. En el peor caso, la ignorancia de esta característica puede dar por resultado la pérdida completa de la cosecha.
Mejora de la seguridad alimentaria gracias a una reducción de las fluctuaciones de los rendimientos causadas por plagas, sequías o inundaciones.	Inocuidad de los alimentos: Este aspecto ha recibido una mayor atención después de que una variedad de maíz potencialmente alergénico, no registrado para uso alimentario, entrara en la cadena alimentaria de los Estados Unidos.
Mayor valor nutritivo gracias a una calidad y contenido más altos de proteínas, así como a mayores niveles de vitaminas y micronutrientes (por ejemplo, arroz enriquecido con yodo o betacaroteno).	Efectos medioambientales de los cultivos MG: Existe el riesgo de que genes insertados se transmitan a poblaciones silvestres, con consecuencias potencialmente graves para la biodiversidad, o contaminen los cultivos de los agricultores orgánicos. Los genes para aumentar la resistencia a los herbicidas pueden fomentar el uso abusivo de herbicidas, mientras que los destinados a aumentar la resistencia a los insectos pueden generar resistencia en estos, lo que obligaría al uso de productos más tóxicos para eliminarlos.
Mejor valor para la salud y la digestibilidad. Los científicos están desarrollando variedades de soja que contienen menos grasas saturadas y más sacarosa.	
Fabricación de productos químicos y farmacéuticos valiosos a menor costo que el que es posible conseguir en la actualidad. Los productos en los que se piensa van desde aceites especiales y plásticos biodegradables hasta hormonas y anticuerpos humanos.	

Introducción

Esta grabación trata sobre el crecimiento de cultivos genéticamente modificados. El reportaje original "Cultivos transgénicos en Colombia se acercan a las 100,000 hectáreas", fue emitido el 28 de julio de 2018 en el programa "Al campo" de *Caracol Radio* (Colombia).
La grabación dura aproximadamente tres minutos y medio.

Tema del ensayo:

¿Se debe prohibir el uso de la biotecnología agrícola?

Instrucciones

Vas a dar una presentación oral de tres minutos a tu clase sobre un tema cultural. En tu exposición, compara tu propia comunidad con una región del mundo hispanohablante que te sea familiar. Debes demostrar tu comprensión de aspectos culturales en el mundo hispanohablante y organizar tu presentación de una manera adecuada para los tres minutos.

Tema de la presentación:

¿Cómo se ha beneficiado o perjudicado tu comunidad con los avances de la ciencia y la tecnología?

■ Compara tus observaciones acerca de las comunidades en las que hayas vivido con tus observaciones de una región del mundo hispanohablante que te sea familiar. En tu presentación puedes referirte a lo que has estudiado, vivido, observado, etc.

Tema curricular: *Las familias y las comunidades*

La estructura de la familia:

criado *v.* de criar: cuidar y educar a los niños

del medio (el hijo/la hija) *loc. adv.* el hijo(a) entre el hermano/la hermana mayor y el hermano/la hermana menor

generacional *adj.* perteneciente o relativo a una generación; relacionado con las generaciones

genética *s. f.* parte de la biología que trata de la herencia y de lo relacionado con ella

hermano(a) *s., m. y f.* persona que tiene en común con otra el mismo padre y la misma madre, o solo uno de ellos

mayor (el hijo/la hija) *adj.* el primer hijo o primera hija en nacer

menor (el hijo/la hija) *adj.* el último hijo o última hija en nacer

nacimiento *s. m.* acto de nacer

padres *s., m. pl.* padre y madre de una persona

primogénito(a) *adj., m. y f.* primero(a) en orden de nacimiento

único *adj., m.* dicho de hijos que carecen de hermanos o hermanas

vejez *s. f.* último periodo de la vida de una persona

Las tradiciones y los valores:

descendiente *s., m. y f.* que descienden de otro en línea directa

estereotipo *s. m.* idea o imagen bastante simple que la gente tiene de alguien o algo

gueto *s. m.* lugar dentro de una ciudad o país donde viven apartadas y en malas condiciones personas de otra raza o de otra cultura

hablante *s., m. y f.* persona que habla un idioma

identidad *s. f.* conjunto de rasgos propios de un individuo o de una colectividad que los caracterizan frente a los demás

integración *s. f.* el hecho de integrar o integrarse alguien en un grupo o en la sociedad

supervivencia *s. f.* acción y efecto de sobrevivir o vivir en condiciones adversas

La geografía humana:

demográfico(a) *adj.* perteneciente o relativo a la demografía

emigrante *adj.* que emigra; que abandona la residencia habitual en busca de mejores medios de vida fuera de su propio país

inmigrante *adj.* que inmigra; que se instala en un lugar distinto de donde vivía, en busca de mejores medios de vida

mediano(a) *s.* elemento de una serie ordenada de valores crecientes de forma que la divide en dos partes iguales, superiores e inferiores a él

migratorio(a) *adj.* que migra; perteneciente o relativo a la migración

ocupacional *adj.* perteneciente o relativo a la ocupación laboral

Tema curricular: *La vida contemporánea*

La educación y las carreras profesionales:

ascender *v.* de subir: adelantar en empleo

autorrealización *s. f.* consecución satisfactoria de las aspiraciones personales por medios propios

cargo *s. m.* oficio o empleo que tiene alguien

manutención *s. f.* hecho de mantener a una persona o una cosa

colega *s., m. y f.* persona que tiene la misma profesión que otra

conducir *v.* guiar un vehículo o equipo para que vaya por donde uno quiere

desigual *adj.* que no es igual

desocupación *s. f.* falta de ocupación o trabajo; desempleo

desventaja *s. f.* motivo por el que una persona está en peor situación que otra

desventajoso(a) *adj., m. y f.* que acarrea desventaja

educación diferenciada *s. + adj., f.* educación que separa a las niñas y los niños en aulas distintas, cambiando el método de enseñanza mas no el contenido

educación mixta *s. + adj., f.* educación que no separa por sexo, y tanto niñas como niños reciben el mismo método de enseñanza y contenido

empresa *s. f.* compañía o firma; organización dedicada a vender productos o servicios con el fin de ganar dinero

equitativo(a) *adj., m. y f.* justo, imparcial

escolaridad *s. f.* tiempo durante el que se va a la escuela o a otro centro de enseñanza

igualitario(a) *adj., m. y f.* que pretende la igualdad

inserción *s. f.* acción y efecto de insertar o incluir

laboral *adj.* del trabajo o en relación con él

ocupado(a) *adj.* se dice de la persona que en ese instante está haciendo algo

precario(a) *adj., m. y f.* escaso o que no es seguro

remuneración *s. f.* paga, sueldo, salario

salario *s. m.* sueldo que se paga a alguien por su trabajo

tolerar *v.* permitir, consentir

Las relaciones:

afectivo(a) *adj., m. y f.* relacionado con los sentimientos y las emociones

afecto *s. m.* cariño, simpatía

amar *v.* tener amor a una persona

casamiento *s. m.* acción de casarse

casarse *v.* contraer matrimonio

cita *s. f.* el hecho de fijar una hora y lugar para encontrarse con una o más personas

desapegado(a) *adj., m. y f.* que no tiene apego, cariño o afición por alguien

enamorarse *v.* sentir amor

inaccesible *adj.* no accesible; se dice de alguien o algo a lo que no se puede llegar o entender

infelicidad *s. f.* falta de felicidad o alegría

ligue *s. m.* acción de ligar; atraer o conquistar a una persona para tener con ella una relación amorosa

matrimonio *s. m.* unión entre dos personas, concertada mediante ciertos ritos o formalidades legales, para establecer y mantener una comunidad de vida e intereses

pareja *s. f.* conjunto de dos personas que tienen entre sí alguna correlación o semejanza; cada una de las personas que forman una pareja

pudor *s. m.* sentimiento de vergüenza que tiene una persona

socialización *s. f.* acción y efecto de socializar o hacer vida de relación social

soltero(a) *adj., m. y f.* que no se ha casado

Tema curricular: *La belleza y la estética*

El lenguaje y la literatura:

catalán *s. m.* lengua romance que se habla en Cataluña

competencia *s. f.* pericia, aptitud o idoneidad para hacer algo determinado

globalización *s. f.* difusión mundial de modos, valores o tendencias que fomenta la uniformidad de gustos y costumbres

hispanohablante *adj.* que tiene el español como lengua materna o propia

idioma nativo *s. m.* lengua perteneciente o relativa al país o lugar natal

lengua franca *s. + adj., f.* lengua que usan especialmente en enclaves comerciales hablantes de diferentes idiomas para relacionarse entre sí

lengua indígena *s. + adj., f.* lengua originaria del país del que se trata

lengua materna *s. + adj., f.* lengua primera que una persona aprende a hablar

lengua viva *s. + adj., f.* lengua que actualmente se habla en un país o nación

lingüística *s. f.* perteneciente o relativo al lenguaje

segunda lengua *s. + adj., f.* lengua que se aprende después de la materna

uniformidad *s. f.* cualidad de uniforme; igual, semejante

Tema curricular: *Los desafíos mundiales*

Los temas económicos:

criptomoneda *s. f.* moneda digital o virtual diseñada para funcionar como medio de intercambio

divisa *s. f.* moneda extranjera referida a la unidad del país del que se trata

euro *s. m.* unidad monetaria común a los estados de la Unión Económica y Monetaria europea

moneda *s. f.* dinero; instrumento aceptado como unidad de cuenta, medida de valor y medio de pago

transacción *s. f.* compra o venta; negocio

Los temas del medio ambiente:

abastecimiento *s. m.* acción y efecto de abastecer o proveer con cosas necesarias

aditivo *s. m.* sustancia que se agrega a otras para darles cualidades de las que carecen o para mejorar las que poseen

combustible fósil *s. + adj., m.* sustancia de origen orgánico, que está más o menos petrificada y se encuentra por causas naturales en las capas terrestres

contaminación *s. f.* acción y efecto de contaminar, contagiar o infectar

convencional *adj.* que resulta o se establece en virtud de precedentes o de costumbres

efecto invernadero *s. + adj., m.* elevación de la temperatura de la atmósfera próxima a la corteza terrestre, debido a la presencia de una capa de gases

energía eólica *s. + adj., f.* energía obtenida a partir del viento

energía geotérmica *s. + adj., f.* energía que se obtiene del aprovechamiento del calor interno de la Tierra

energía renovable *s. + adj., f.* energía cuyas fuentes se presentan en la naturaleza de modo continuo y prácticamente inagotable

energía solar *s. + adj., f.* energía obtenida a partir de la radiación del Sol y utilizada para usos térmicos

energía verde *s. + adj., f.* energía generada a partir de fuentes primarias respetuosas del medio ambiente

extracción *s. f.* acción y efecto de extraer o sacar

fuente *s. f.* principio, fundamento u origen de algo

hidrocarburos *s. m.* compuestos orgánicos formados únicamente por átomos de carbono e hidrógeno

medioambiente (medio ambiente) *s. m.* conjunto de circunstancias exteriores a un ser vivo, sobre todo cuando se refiere a la naturaleza

petróleo *s. m.* líquido natural oleaginoso e inflamable, del que se obtienen productos utilizables con fines energéticos o industriales

planta *s. f.* fábrica central de energía

recurso *s., m.* conjunto de elementos disponibles para resolver una necesidad

represa *s. f.* obra, generalmente de hormigón armado, para contener o regular el curso de las aguas

sequía *s. f.* tiempo seco de larga duración

subsuelo *s. m.* terreno que está debajo de la capa laborable o, en general, debajo de una capa de tierra

Tema curricular: *La ciencia y la tecnología*

Efectos de la tecnología en el individuo y en la sociedad:

almacenamiento en la nube *s. + fr. prep., f.* espacio de almacenamiento y procesamiento de datos y archivos ubicado en el Internet, al que puede acceder el usuario desde cualquier dispositivo

aplicación *s. f.* programa preparado para una utilización específica en tablets, móviles, etc.

auricular *s. m.* parte de un aparato que se acerca al oído para escuchar por él

dispositivo *s. m.* aparato; instrumento

encriptan *v.* de encriptar: cifrar; transcribir con una clave

filtración de datos *s. + fr. prep., f.* divulgación indebida de información secreta o confidencial

inteligencia artificial *s. + adj., f.* disciplina científica que se ocupa de crear programas informáticos que ejecutan operaciones comparables a las que realiza la mente humana, como el aprendizaje o el razonamiento lógico

interpretación *s. f.* acción de traducir algo de una lengua a otra, sobre todo cuando se hace oralmente

intérprete *s. m.* persona que explica a otras, en lengua que entienden, lo dicho en otra lengua que les es desconocida

ONG *s. f.* siglas para organización no gubernamental

reconocimiento de voz *s. + fr. prep., m.* tecnología biométrica que utiliza la voz de un individuo para lograr su identificación

refugiado(a) *s., m. y f.* persona que, a consecuencia de guerras, revoluciones o persecuciones políticas, se ve obligada a buscar refugio fuera de su país

servidor *s. m.* unidad informática que proporciona diversos servicios a computadoras conectadas con ella a través de una red

traducción *s. f.* acción y efecto de traducir

traducción instantánea *s. + adj., f.* que tiene lugar al mismo tiempo que se está pronunciando

traducción sincrónica *s. + adj., f.* traducción en la que lo que se oye encaja con los labios del actor

traducir *v.* pasar un mensaje o un escrito a otro idioma o a otro lenguaje

traductor(a) *s., m. y f.* que traduce

Las innovaciones tecnológicas:

apto *adj.* adecuado, apropiado

beneficio *s. m.* bien o provecho que se hace o se recibe

biodegradable *adj.* sustancia o producto que se descompone de forma natural en elementos que no contaminan nada o muy poco

biotecnología agrícola *s. + adj., f.* tecnología que manipula la estructura genética de organismos utilizados en la producción o elaboración de productos agrícolas

cultivable *adj.* que se puede cultivar

cultivo *s. m.* plantas que se cultivan

fertilizante *s. m.* abono

insecticida *s. m.* producto destinado a matar insectos

insumo *s. m.* conjunto de elementos que toman parte en la producción de otros bienes

irrigación por goteo *s. + fr. prep., f.* método de irrigación que permite una óptima aplicación de agua y abonos en los sistemas agrícolas de zonas áridas

modificado *adj.* que ha sido alterado

patente *s. f.* escrito oficial que concede solamente a una persona o empresa el derecho a difundir y explotar un invento o una marca

perjudicial *adj.* que perjudica o puede perjudicar; dañino

plaga *s. f.* aparición masiva y repentina de seres vivos de la misma especie que causan graves daños a poblaciones animales o vegetales

potencial *adj.* que tiene o encierra en sí potencia o la capacidad para producir un efecto

productividad *s. f.* capacidad o grado de producción por superficie de tierra cultivada

productivo(a) *adj.* que produce, sobre todo cuando es mucho

rendimiento *s. m.* producto o utilidad que rinde o da algo

resistencia *s. f.* acción y efecto de resistir o tolerar

resistente *adj.* que resiste mucho; capaz de tolerar o aguantar

riesgo *s. m.* peligro

semilla mejorada *s. + adj., f.* semilla que ha llevado un proceso de tratamiento genético y no tiene ninguna alteración transgénica

sostenibilidad *s. f.* cualidad de ser sostenible

tolerancia *s. f.* capacidad de resistir, soportar

transgénico *adj.* que ha sido modificado mediante la adición de genes exógenos para lograr nuevas propiedades

Abreviaturas:

adj.	adjetivo, género neutro
adj. m.	adjetivo masculino
adj. f.	adjetivo femenino
adj., m. y f.	adjetivo, masculino y femenino
loc. adv	locución adverbial
s.	sustantivo, género neutro
s. m.	sustantivo masculino
s. f.	sustantivo femenino
s., m. y f.	sustantivo, masculino y femenino
s. + adj., m.	sustantivo y adjetivo, masculinos
s. + adj., f.	sustantivo y adjetivo, femeninos
s. + fr. prep., m.	sustantivo y frase preposicional, masculino
s. + fr. prep., f.	sustantivo y frase preposicional, femenino
v.	verbo

En esta obra se alinean los estándares de las siguientes entidades nacionales:

1. Estándares comunes estatales para las artes del lenguaje en español:
   Common Core State Standards Initiative
   (2012 Primera edición en español por la Oficina de Educación del Condado de San Diego, CA)

2. Estándares para lenguas mundiales: (Comunicación, Culturas, Conexiones, Comparaciones, Comunidades)
   del *American Council of the Teaching of Foreign Languages* en su más reciente versión de 2017

3. Objetivo del currículum de lenguaje y cultura AP®:
   (College Board AP® Spanish Language and Culture Course and Exam Description 2013)

Módulo 1

Estándares para las artes del lenguaje en español
Texto informativo
RI.9-10.1, RI.9-10.4, RI.9-10.6, RI.9-10.7
Escritura
W.9-10.4, W.9-10.6, W.9-10.10
Audición y expresión oral
SL.9-10.1, SL.9-10.1.c
Lenguaje
L.9-10.1, L.9-10.2, L.9-10.3, L.9-10.4, L.9-10.4.a, L.9-10.6

Estándares para lenguas mundiales
Comunicación
1.1, 1.2
Conexiones
3.1, 3.2
Comunidades
5.1, 5.2

Currículum de lenguaje y cultura AP

Comunicación interpretativa lectora
El alumno comprende el contenido de recursos escritos e impresos; comprende vocabulario y expresiones idiomáticas y culturales auténticas; comprende el propósito de un mensaje y el punto de vista de su autor(a); y comprende el contenido en otras disciplinas.

Comunicación interpretativa auditiva
El alumno comprende recursos auditivos auténticos; comprende vocabulario y expresiones idiomáticas y culturales auténticas; comprende el propósito de un mensaje y el punto de vista de su autor(a); comprende las características distintivas de recursos auditivos, visuales y audiovisuales auténticos; y comprende el contenido en otras disciplinas.

Comunicación interpersonal escrita
El alumno participa en el intercambio escrito de información, opiniones e ideas en situaciones informales, mediante correspondencia informal; usa estrategias para obtener información y aclarar significados; presenta y apoya opiniones en interacciones escritas; comprende vocabulario y expresiones idiomáticas y culturales auténticas en una variedad de temas; se monitorea a sí mismo y ajusta su lenguaje; y comprende las características de comunidades culturales.

Comunicación interpersonal oral
El alumno participa en el intercambio oral de información, opiniones e ideas en situaciones informales; presenta y apoya opiniones en interacciones orales; comprende vocabulario y expresiones idiomáticas y culturales adecuadas; comprende las características de las comunidades culturales pertinentes; y se monitorea a sí mismo y ajusta su lenguaje.

Módulo 2

Estándares para las artes del lenguaje en español
Texto informativo
RI.9-10.1, RI.9-10.4, RI.9-10.6, RI.9-10.7
Escritura
W.9-10.4, W.9-10.6, W.9-10.10
Audición y expresión oral
SL.9-10.4, SL.9-10.6
Lenguaje
L.9-10.1, L.9-10.2, L.9-10.3, L.9-10.4.a, L.9-10.6

Estándares para lenguas mundiales
Comunicación
1.1, 1.2, 1.3
Culturas
2.1

Conexiones
3.1, 3.2
Comparaciones
4.2
Comunidades
5.1, 5.2

Currículum de lenguaje y cultura AP

Comunicación interpretativa lectora

El alumno comprende el contenido de recursos escritos e impresos; comprende vocabulario y expresiones idiomáticas y culturales auténticas; comprende el propósito de un mensaje y el punto de vista de su autor(a); y comprende el contenido en otras disciplinas.

Comunicación interpretativa auditiva

El alumno comprende recursos auditivos auténticos; comprende vocabulario y expresiones idiomáticas y culturales auténticas; comprende el propósito de un mensaje y el punto de vista de su autor(a); comprende las características distintivas de recursos auditivos, visuales y audiovisuales auténticos; y comprende el contenido en otras disciplinas.

Comunicación interpersonal escrita

El alumno participa en el intercambio escrito de información, opiniones e ideas en situaciones informales, mediante correspondencia informal; usa estrategias para obtener información y aclarar significados; presenta y apoya opiniones en interacciones escritas; comprende vocabulario y expresiones idiomáticas y culturales auténticas en una variedad de temas; se monitorea a sí mismo y ajusta su lenguaje; y comprende las características de comunidades culturales.

Presentación oral

El alumno produce presentaciones originales orales; expone sobre temas conocidos y que requieren investigación; comprende las características de comunidades culturales; y comprende el contenido en otras disciplinas.

Módulo 3

Estándares para las artes del lenguaje en español

Texto informativo
RI.9-10.1, RI.9-10.4, RI.9-10.6, RI.9-10.7, RI.9-10.8
Escritura
W.9-10.2, W.9-10.2.b, W.9-10.2.d, W.9-10.2.e, W.9-10.2.f, W.9-10.4, W.9-10.6, W.9-10.8, W.9-10.9, W.9-10.10
Audición y expresión oral
SL.9-10.1, SL.9-10.1.c, SL.9-10.2, SL.9-10.3
Lenguaje
L.9-10.1, L.9-10.2, L.9-10.2.c, L.9-10.4, L.9-10.6

Estándares para lenguas mundiales

Comunicación
1.1, 1.2, 1.3
Culturas
2.1, 2.2
Conexiones
3.1, 3.2
Comunidades
5.1, 5.2

Currículum de lenguaje y cultura AP

Comunicación interpretativa lectora

El alumno comprende el contenido de recursos escritos e impresos; comprende vocabulario y expresiones idiomáticas y culturales auténticas; examina, compara y reflexiona sobre los productos, prácticas y perspectivas culturales; comprende el propósito de un mensaje y el punto de vista de su autor(a); y comprende el contenido en otras disciplinas.

Comunicación interpretativa auditiva

El alumno comprende recursos auditivos auténticos; comprende vocabulario y expresiones idiomáticas y culturales auténticas; comprende el propósito de un mensaje y el punto de vista de su autor(a); comprende las características distintivas de recursos auditivos, visuales y audiovisuales auténticos; y comprende el contenido en otras disciplinas.

Presentación escrita

El alumno produce ensayos persuasivos; usa herramientas de referencia, da crédito a las fuentes y las cita; autocorrige el contenido, la organización y la gramática de su trabajo; comprende las características de las comunidades culturales; y comprende el contenido en otras disciplinas.

Comunicación interpersonal oral

El alumno participa en el intercambio oral de información, opiniones e ideas en situaciones informales; presenta y apoya opiniones en interacciones orales; comprende vocabulario y expresiones idiomáticas y culturales adecuadas; comprende las características de las comunidades culturales pertinentes; y se monitorea a sí mismo y ajusta su lenguaje.

Módulo 4

Estándares para las artes del lenguaje en español

Texto informativo
RI.9-10.1, RI.9-10.3, RI.9-10.4, RI.9-10.6, RI.9-10.7, RI.9-10.8
Escritura
W.9-10.2, W.9-10.2.b, W.9-10.2.d, W.9-10.2.e, W.9-10.2.f, W.9-10.4, W.9-10.6, W.9-10.8, W.9-10.9, W.9-10.10

Audición y expresión oral
SL.9-10.2, SL.9-10.3, SL.9-10.4, SL.9-10.6
Lenguaje
L.9-10.1, L.9-10.2, L.9-10.2.c, L.9-10.4, L.9-10.4.a,
L.9-10.6

Estándares para lenguas mundiales

Comunicación
1.2, 1.3
Culturas
2.1, 2.2
Conexiones
3.1, 3.2
Comparaciones
4.2
Comunidades
5.1, 5.2

Currículum de lenguaje y cultura AP

Comunicación interpretativa lectora

El alumno comprende el contenido de recursos escritos e impresos; comprende vocabulario y expresiones idiomáticas y culturales auténticas; examina, compara y reflexiona sobre los productos, prácticas y perspectivas culturales; comprende el propósito de un mensaje y el punto de vista de su autor(a); y comprende el contenido en otras disciplinas.

Comunicación interpretativa auditiva

El alumno comprende recursos auditivos auténticos; comprende vocabulario y expresiones idiomáticas y culturales auténticas; comprende el propósito de un mensaje y el punto de vista de su autor(a); comprende las características distintivas de recursos auditivos, visuales y audiovisuales auténticos; y comprende el contenido en otras disciplinas.

Presentación escrita

El alumno produce ensayos persuasivos; usa herramientas de referencia, da crédito a las fuentes y las cita; autocorrige el contenido, la organización y la gramática de su trabajo; comprende las características de las comunidades culturales; y comprende el contenido en otras disciplinas.

Presentación oral

El alumno produce presentaciones originales orales; expone sobre temas conocidos y que requieren investigación; comprende las características de comunidades culturales; y comprende el contenido en otras disciplinas.

Módulo 5

Estándares para las artes del lenguaje en español

Texto informativo
RI.9-10.1, RI.9-10.4, RI.9-10.6, RI.9-10.7, RI.9-10.8
Escritura
W.9-10.4, W.9-10.6, W.9-10.10
Audición y expresión oral
SL.9-10.1, SL.9-10.1.c, SL.9-10.6
Lenguaje
L.9-10.1, L.9-10.2, L.9-10.3, L.9-10.4.a, L.9-10.6

Estándares para lenguas mundiales

Comunicación
1.1, 1.2
Culturas
2.1
Conexiones
3.1, 3.2
Comunidades
5.1, 5.2

Currículum de lenguaje y cultura AP

Comunicación interpretativa lectora

El alumno comprende el contenido de recursos escritos e impresos; comprende vocabulario y expresiones idiomáticas y culturales auténticas; comprende el propósito de un mensaje y el punto de vista de su autor(a); y comprende el contenido en otras disciplinas.

Comunicación interpretativa auditiva

El alumno comprende recursos auditivos auténticos; comprende vocabulario y expresiones idiomáticas y culturales auténticas; comprende el propósito de un mensaje y el punto de vista de su autor(a); comprende las características distintivas de recursos auditivos, visuales y audiovisuales auténticos; y comprende el contenido en otras disciplinas.

Comunicación interpersonal escrita

El alumno participa en el intercambio escrito de información, opiniones e ideas en situaciones informales, mediante correspondencia informal; usa estrategias para obtener información y aclarar significados; presenta y apoya opiniones en interacciones escritas; comprende vocabulario y expresiones idiomáticas y culturales auténticas en una variedad de temas; se monitorea a sí mismo y ajusta su lenguaje; y comprende las características de comunidades culturales.

Comunicación interpersonal oral

El alumno participa en el intercambio oral de información, opiniones e ideas en situaciones informales; presenta y apoya opiniones en interacciones orales; comprende vocabulario y expresiones idiomáticas y culturales adecuadas; comprende las características de las comunidades culturales pertinentes; y se monitorea a sí mismo y ajusta su lenguaje.

Módulo 6

Estándares para las artes del lenguaje en español

Texto informativo

RI.9-10.1, RI.9-10.7, RI.9-10.8

Escritura

W.9-10.2, W.9-10.2.b, W.9-10.2.d, W.9-10.2.e, W.9-10.2.f, W.9-10.4, W.9-10.6, W.9-10.8, W.9-10.9, W.9-10.10

Audición y expresión oral

SL.9-10.2, SL.9-10.3, SL.9-10.4, SL.9-10.6

Lenguaje

L.9-10.1, L.9-10.2, L.9-10.2.c, L.9-10.3, L.9-10.4, L.9-10.6

Estándares para lenguas mundiales

Comunicación

1.2, 1.3

Culturas

2.1

Conexiones

3.1, 3.2

Comparaciones

4.2

Comunidades

5.1, 5.2

Currículum de lenguaje y cultura AP

Comunicación interpretativa lectora

El alumno comprende el contenido de recursos escritos e impresos; comprende vocabulario y expresiones idiomáticas y culturales auténticas; comprende el propósito de un mensaje y el punto de vista de su autor(a); y comprende el contenido en otras disciplinas.

Comunicación interpretativa auditiva

El alumno comprende recursos auditivos auténticos; comprende vocabulario y expresiones idiomáticas y culturales auténticas; comprende el propósito de un mensaje y el punto de vista de su autor(a); comprende las características distintivas de recursos auditivos, visuales y audiovisuales auténticos; y comprende el contenido en otras disciplinas.

Presentación escrita

El alumno produce ensayos persuasivos; usa herramientas de referencia, da crédito a las fuentes y las cita; autocorrige el contenido, organización y la

gramática de su trabajo; comprende las características de las comunidades culturales; y comprende el contenido en otras disciplinas.

Presentación oral

El alumno produce presentaciones originales orales; expone sobre temas conocidos y que requieren investigación; comprende las características de comunidades culturales; y comprende el contenido en otras disciplinas.

Módulo 7

Estándares para las artes del lenguaje en español

Texto informativo

RI.9-10.1, RI.9-10.4, RI.9-10.6, RI.9-10.8

Escritura

W.9-10.4, W.9-10.6, W.9-10.10

Audición y expresión oral

SL.9-10.1, SL.9-10.1.c

Lenguaje

L.9-10.1, L.9-10.2, L.9-10.4, L.9-10.4.a, L.9-10.6

Estándares para lenguas mundiales

Comunicación

1.1, 1.2

Culturas

2.1

Conexiones

3.1, 3.2

Comunidades

5.1, 5.2

Currículum de lenguaje y cultura AP

Comunicación interpretativa lectora

El alumno comprende el contenido de recursos escritos e impresos; comprende vocabulario y expresiones idiomáticas y culturales auténticas; comprende el propósito de un mensaje y el punto de vista de su autor(a); y comprende el contenido en otras disciplinas.

Comunicación interpersonal escrita

El alumno participa en el intercambio escrito de información, opiniones e ideas en situaciones informales, mediante correspondencia informal; usa estrategias para obtener información y aclarar significados; presenta y apoya opiniones en interacciones escritas; comprende vocabulario y expresiones idiomáticas y culturales auténticas en una variedad de temas; se monitorea a sí mismo y ajusta su lenguaje; y comprende las características de comunidades culturales.

Comunicación interpersonal oral

El alumno participa en el intercambio oral de información, opiniones e ideas en situaciones informales; presenta y apoya opiniones en interacciones orales; comprende vocabulario y expresiones idiomáticas y culturales adecuadas; comprende las características de las comunidades culturales pertinentes; y se monitorea a sí mismo y ajusta su lenguaje.

Módulo 8

Estándares para las artes del lenguaje en español

Texto informativo

RI.9-10.1, RI.9-10.7, RI.9-10.8

Escritura

W.9-10.2, W.9-10.2.b, W.9-10.2.d, W.9-10.2.e, W.9-10.2.f, W.9-10.4, W.9-10.6, W.9-10.8, W.9-10.9, W.9-10.10

Audición y expresión oral

SL.9-10.2, SL.9-10.3, SL.9-10.4, SL.9-10.6

Lenguaje

L.9-10.1, L.9-10.2, L.9-10.2.c, L.9-10.3, L.9-10.4, .9-10.5, L.9-10.6

Estándares para lenguas mundiales

Comunicación

1.2, 1.3

Culturas

2.2

Conexiones

3.1, 3.2

Comparaciones

4.2

Comunidades

5.1, 5.2

Currículum de lenguaje y cultura AP

Comunicación interpretativa lectora

El alumno comprende el contenido de recursos escritos e impresos; comprende vocabulario y expresiones idiomáticas y culturales auténticas; comprende el propósito de un mensaje y el punto de vista de su autor(a); y comprende el contenido en otras disciplinas.

Comunicación interpretativa auditiva

El alumno comprende recursos auditivos auténticos; comprende vocabulario y expresiones idiomáticas y culturales auténticas; comprende el propósito de un mensaje y el punto de vista de su autor(a); comprende las características distintivas de recursos auditivos, visuales y audiovisuales auténticos; y comprende el contenido en otras disciplinas.

Presentación escrita

El alumno produce ensayos persuasivos; usa herramientas de referencia, da crédito a las fuentes y las cita; autocorrige el contenido, organización y la gramática de su trabajo; comprende las características de las comunidades culturales; y comprende el contenido en otras disciplinas.

Presentación oral

El alumno produce presentaciones originales orales; expone sobre temas conocidos y que requieren investigación; comprende las características de comunidades culturales; y comprende el contenido en otras disciplinas.

Photography and Art Credits

All images © by Vista Higher Learning unless otherwise noted.

M1:
2: Fuse/Getty Images; **3:** Buzzshotz/Alamy; **4:** Monkey Business Images/Shutterstock; **5:** Iko/Shutterstock; **9:** Piksel/iStockphoto.

M2:
2: Media Bakery; **3:** Tetra Images/Media Bakery; **4:** Michaeljung/Shutterstock; **5:** Chris Sattlberger/Blend Images/AGE Fotostock; **9:** Tony Tallec/Alamy.

M3:
3: Cultura Creative/Alamy; **6:** Antonio Guillem/Shutterstock; **7:** Carballo/Deposit Photos; **9:** Ustyujanin/Shutterstock.

M4:
2: Alexey Novikov/Deposit Photos; **3:** Trindade51/Deposit Photos; **5:** Nicotombo/Stockfresh; **6:** Thomas Northcut/Digital Vision/Getty Images; **7:** Tetra Images/Alamy; **9:** Bikeriderlondon/Shutterstock.

M5:
2: Valestock/Shutterstock; **3:** Goodluz/Shutterstock; **4:** AllaSerebrina/Deposit Photos; **5:** Simona Pillola/Westend61/AGE Fotostock; **9:** Shutterstock.

M6:
2: Stevanovicigor/Deposit Photos; **4:** Mny-Jhee/Fotolia; **5:** Epsylon Lyrae/Shutterstock; **7:** Fotola70/Fotolia; **9:** Maria Wachala/Moment/Getty Images.

M7:
3: Franckreporter/iStockphoto; **7:** DRB Images/iStockphoto/Getty Images.

M8:
2: Vitmark/iStockphoto; **4:** YinYang/iStockphoto; **7:** Lauren Krolick; **9:** Antonio Diaz/123RF.

Reading (non-lit)

M1 page 2 Courtesy of Carolyn Gregoire.
M2 page 2 Courtesy of Revista Cabal.
M3 page 2 Courtesy of Teresa Morales García.
M3 page 5 Courtesy of Enrique Echeburúa.
M4 page 2 Courtesy of EFE.
M4 page 5 Courtesy of El País.
M5 page 2 © BBC 2017. Reproduced by permission.
M6 page 4 © BBC 2017. Reproduced by permission.
M6 page 6 Courtesy of CLAES Ambiental.net.
M7 page 7 Courtesy of Caracol Radio S.A. Content is also available at www.caracol.com.co.
M7 page 2 Courtesy of El País.
M8 page 4 Courtesy of EFE.

Audio

M1 page 5 Leonardo J. Glikin, consultor en empresas de familia, autor de "Los hermanos en la empresa de familia" (Aretea ediciones) y Cynthia Gabelloni.
M2 page 5 Courtesy of Radio Universidad de Chile.
M3 page 7 Courtesy of EFE.
M4 page 7 Courtesy of El País.
M5 page 5 Courtesy of Cadena Ser.
M6 page 2 Courtesy of Cadena Ser.
M6 page 7 © Radio Universidad de Costa Rica.
M7 page 7 Courtesy of Caracol Radio S.A. Content is also available at www.caracol.com.co.
M8 page 2 Source: Antología3, Descubre el español con Santillana, págs. 119-122, Santillana USA Publishing Company, Inc.

Graphics2

M3 page 7 Courtesy of Pew Research Center. "Pew Research Center has published the original content in English but has not reviewed or approved this translation."
M4 page 7 Courtesy of El País.
M6 page 6 Courtesy of CLAES Ambiental.net.
M8 page 6 Source: Food and Agriculture Organization of the United Nations, 2015, Agricultura mundial: hacia los años 2015/2030, http://www.fao.org/docrep/004/y3557s/y3557s09.htm. Reproduced with permission.